自闭谱系障碍儿童早期干预丛书

自闭症谱系障碍儿童家庭支持系统

孙玉梅　著

图书在版编目 (CIP) 数据

自闭症谱系障碍儿童家庭支持系统 / 孙玉梅著. —北京：北京大学出版社，2015.5
（自闭谱系障碍儿童早期干预丛书）
ISBN 978-7-301-25884-2

Ⅰ.①自… Ⅱ.①孙… Ⅲ.①孤独症－儿童教育－特殊教育－家庭教育 Ⅳ.①G76

中国版本图书馆 CIP 数据核字 (2015) 第 105490 号

书　名	自闭症谱系障碍儿童家庭支持系统
著作责任者	孙玉梅　著
责任编辑	刘　军
标准书号	ISBN 978-7-301-25884-2
出版发行	北京大学出版社
地　　址	北京市海淀区成府路 205 号　100871
网　　址	http://www.pup.cn　　新浪微博：@北京大学出版社
电子信箱	zpup@pup.cn
电　　话	邮购部 010-62752015　发行部 010-62750672　编辑部 010-62767857
印　刷　者	北京虎彩文化传播有限公司
经　销　者	新华书店
	730 毫米×1020 毫米　16 开本　12.5 印张　200 千字
	2015 年 5 月第 1 版　2023 年 5 月第 2 次印刷
定　　价	36.00 元

未经许可，不得以任何方式复制或抄袭本书之部分或全部内容。
版权所有，侵权必究
举报电话：010-62752024　电子信箱：fd@pup.pku.edu.cn
图书如有印装质量问题，请与出版部联系，电话：010-62756370

目 录

前 言 ………………………………………………………………… 1

第一章　自闭症谱系障碍儿童概述 ………………………………… 1
第一节　自闭症谱系障碍相关概念界定 ……………………… 1
一、自闭症谱系障碍的概念 ………………………………… 2
二、自闭症谱系障碍病因的厘清 …………………………… 3
三、自闭症谱系障碍的诊断 ………………………………… 4
第二节　自闭症谱系障碍儿童的发展特点 …………………… 7
一、生理特点 ………………………………………………… 7
二、心理特点 ………………………………………………… 8
第三节　自闭症谱系障碍儿童的干预 ………………………… 11
一、行为策略—应用行为分析 …………………………… 12
二、互动策略—地板时光 ………………………………… 12
三、认知策略—社交故事 ………………………………… 13
四、环境策略—结构化教学 ……………………………… 14

第二章　自闭症谱系障碍儿童家庭相关研究 ……………………… 17
第一节　自闭症谱系障碍儿童家庭困境与危机 ……………… 17
一、自闭症谱系障碍儿童家庭的困境 ……………………… 17
二、自闭症谱系障碍儿童家庭的危机 ……………………… 19

第二节	自闭症谱系障碍家庭的压力与应对	22
	一、自闭症谱系障碍儿童家庭压力	22
	二、自闭症谱系障碍儿童家庭压力的应对	28
第三节	自闭症谱系障碍儿童家庭的需求与支持	34
	一、自闭症谱系障碍儿童家庭的需求	34
	二、自闭症谱系障碍儿童家庭的支持	36

第三章　自闭症谱系障碍儿童主要照顾者生活经验研究 …… 43

第一节　研究背景 …… 43
一、自闭症谱系障碍儿童主要照顾者的界定 …… 44
二、生活经验的界定 …… 45

第二节　研究目的和内容 …… 47
一、研究目的 …… 48
二、研究内容 …… 48

第三节　研究方法 …… 49
一、质性研究方法的选择 …… 50
二、研究设计 …… 53
三、界定研究者角色 …… 68
四、研究的信效度 …… 69

第四节　研究结果 …… 72
一、自闭症儿童主要照顾者的心路历程 …… 72
二、自闭症儿童主要照顾者与孩子的人际互动体验 …… 81
三、自闭症儿童主要照顾者与他人的互动体验 …… 86
四、自闭症儿童主要照顾者的生活空间 …… 96
五、自闭症儿童主要照顾者的生活时间 …… 101

第五节　综合讨论 …… 108
一、自闭症儿童主要照顾者生活经验中的重要事件 …… 108
二、自闭症儿童主要照顾者的生活经验结构 …… 112
三、自闭症儿童主要照顾者生活经验的制约因素 …… 118

第四章 自闭症谱系障碍儿童家庭的生态系统 ……………………… 121
第一节 自闭症谱系障碍儿童的家庭微观系统 ……………………… 122
一、家庭角色 ……………………………………………………… 123
二、夫妻关系 ……………………………………………………… 124
三、亲子关系 ……………………………………………………… 125
四、其他亲近关系 ………………………………………………… 127
第二节 自闭症谱系障碍儿童家庭外系统 …………………………… 128
一、医疗机构 ……………………………………………………… 129
二、教育机构 ……………………………………………………… 130
三、社区组织 ……………………………………………………… 134
四、家长支持圈 …………………………………………………… 135
五、朋友支持圈 …………………………………………………… 136
第三节 自闭症谱系障碍儿童家庭生态的反思 ……………………… 137
一、自闭症谱系障碍儿童家庭的多重负担分析 ………………… 138
二、自闭症谱系障碍儿童家庭生存境遇的反思 ………………… 141

第五章 自闭症谱系障碍儿童家庭支持系统的建构 ………………… 143
第一节 多样化的家庭支持服务 ……………………………………… 143
一、政策福利 ……………………………………………………… 144
二、个别化的家庭服务方案 ……………………………………… 145
三、专业指导 ……………………………………………………… 147
四、喘息服务 ……………………………………………………… 148
五、家庭互助 ……………………………………………………… 149
第二节 全面的家庭支持系统 ………………………………………… 150
一、家庭内部的正向调整 ………………………………………… 150
二、专业人员的积极介入 ………………………………………… 152
三、国家政策的持续支持 ………………………………………… 153

第三节　研究过程的反思 …………………………………… 157
　　　一、研究历程的反思 ………………………………………… 157
　　　二、研究者的反思 …………………………………………… 159

参考文献 ……………………………………………………… 161
附　录 ………………………………………………………… 170
后　记 ………………………………………………………… 188

前 言

2007年12月联合国大会通过决议,从2008年起,将每年的4月2日定为"世界自闭症关注日",以提高人们对自闭症和相关研究与诊断以及自闭症患者的关注。今年的4月2日是第八届世界自闭关注日,拟定的主题是:"职业:自闭症优势"。要帮助自闭症谱系障碍患者释放他们的优势或潜能,必须提供有效的支持,这些支持包括职业的培训,也包括对自闭症谱系障碍的无歧视。正如台湾的张文亮博士在《蜗牛牵我去散步》[①]这首小诗中描绘的,那些如同蜗牛慢慢爬的孩子,却在不知不觉中向我们展示生命中最初的美好,大家何不放慢脚步,放下偏见,陪着孩子们静静体味生活的滋味,倾听内心的声音。

然而这样的生活终究是存在于诗歌里,有自闭症谱系障碍儿童的家庭很难有此体会。有人说自闭症谱系障碍的父母是一群更孤独的人,他们为今天的生计操劳,更为不可预知的明天忧心忡忡,他们无法停歇,难以享受平静的生活,他们迫切地需要支持。近年来,我国自闭症谱系障碍的人口数有逐年增加的趋势,意味着越来越多的自闭症儿童与家庭面临程度不一的冲击。虽然有些自闭症谱系障碍儿童家庭能够同心协力,产生更强大的力量来突破各种困境和危机,但是也有一些家庭因为这一问题而深陷困境,无法应对。而自闭症谱系障碍儿童的成长与家庭有着更为密切和直接地关联,他们身心的健康发展、能力的提升以及生活品质的高低都直接决定于所在家庭的态度和支持。因此针对自闭症谱系障碍儿童的服务应该主张"以家庭为中心"的理念,关注家人的需求,增强家庭的功能。支持家庭,不但能为自闭症谱系障碍儿童增能,提升家庭抗逆力,以促进其更积极为儿童寻求其他社会支持,更能够避免其成为自闭症谱系障碍儿童权利实现的障碍。

正是基于这样的理念,才有了对于自闭症谱系障碍儿童家庭支持系统

---

① 陈捷.蜗牛牵我去散步[M].北京:北京大学出版社,2013:XI.

的研究。本书共有五章。第一章是概念性的介绍,主要包括对于自闭症谱系障碍儿童相关概念、相关发展特征以及目前的干预方向进行简略的梳理。第二章是家庭相关研究的综述,尝试让读者以系统的观点了解现有的自闭症谱系障碍儿童的家庭研究,主要从困境与危机、压力与应对、需求与支持这几个角度阐述。第三章是全书的核心部分,也是基础部分,自闭症谱系障碍儿童主要照顾者生活经验的研究,通过质性研究方法,从现象学的视角全方位揭示自闭症谱系障碍儿童家庭的生活全貌,从照顾者的心路历程、人际互动的体验、生活空间和生活时间等角度向读者展示自闭症谱系障碍儿童家庭的妥协与抗争。也正是透过家长的诉说,读者可以对于自闭症谱系障碍儿童的家庭有更丰富且真实的了解。第四章是自闭症谱系障碍儿童家庭生态系统的分析,它是在第三章生活经验研究的基础上,借用布朗芬布伦纳的生态系统观点,分析自闭症谱系障碍儿童家庭的微观系统和外系统,并探寻这些系统对于家庭复原和家庭功能的影响。第五章则是在前两章基础上延伸出的家庭支持系统的架构,正是在对于生活经验的解构中,在对于生态系统的建构中,我们发现了目前自闭症谱系障碍儿童家庭发展的困境与支持的缺失;正是在深度解读自闭症谱系障碍儿童家庭生活经验的基础上,才有了多样化的支持服务和全面的支持系统的提出。在现有的资源下,家庭支持系统更应该从内部家庭生态的调整,促进专业人员的介入以及国家持续性地支持这些方面来构建,而提供的家庭服务则应该趋于多元化,既包括福利政策、也包括服务方案、专业指导、喘息服务等等。当然,有好的想法还不够,还需要付诸实践,通过实践去检验理论,这是一个长期的过程,自闭症谱系障碍儿童家庭支持系统的建构也是一个长期的过程,本书在这里仅仅是提出初步的设想,希望能引起读者的一些思考或行动。最后,在本书的附录中收录了一些常用的自闭症筛查诊断量表、自闭症相关的政策方案等,以期给读者提供参考和更全面的了解。

  本书虽然试图去建立自闭症谱系障碍儿童家庭有效的支持系统,但由于作者的理论和实践水平的限制,这种系统的建立仅仅是初步的,还需要实践检验并逐步去完善。另外,本书虽数易其稿,但一定还存在一些不足与不尽如人意的地方,衷心地希望广大读者提出宝贵意见。

第一章　自闭症谱系障碍儿童概述

2014年10月17日我国发布首个全面介绍儿童自闭症现状的行业报告——《中国自闭症儿童发展状况报告》,据该报告推测我国自闭症患者可能超过1000万,0到14岁自闭症儿童数量可能超过200万。[①] 换句话说,全国大概有上千万个家庭在经历着自闭症谱系障碍所带来的冲击。这种冲击不仅表现在家庭经济上,更表现在家庭成员的身心健康上。浏览相关的新闻报道,大多可以看到自闭症谱系障碍家庭正承受着"重压",急需有效的调适机制,以支持家庭的良性发展,因此建构自闭症谱系障碍儿童家庭支持系统就显得尤为重要。本章作为全书开篇,重点厘清自闭症谱系障碍儿童的相关概念,以期读者能够全面清晰地了解。

第一节　自闭症谱系障碍相关概念界定

有人说他们是星星的孩子,不小心落入人间,静静地、孤独地闪烁着。他们活在自己的世界里,对外界充耳不闻;拥有丰富内心,却不与人交流。他们,就是自闭症谱系障碍儿童。西方最早确诊自闭症的是美国儿童精神科医生堪纳(Leo Kanner),他在1943年的研究报告中描述了十几个自闭症儿童的案例,并且总结出了自闭症患者的三个主要特征——3岁前出现社会交往障碍,言语、非言语交流障碍和局限性兴趣、重复刻板的行为方式[②],并将他们命名为"早期婴儿自闭症"。1982年南京的陶国泰教授首次在国内报道了自闭症的案例,开启了我国研究自闭症的先河。目前,自闭症谱系障碍

[①] 我国自闭症患者诊断处于"三缺"状态[EB/OL]. http://yy.china.com.cn/new/zx/ppzx/136708.html. 2014-10-18.

[②] 冯夏婷. 儿童自闭症研究的回顾与展望. 教育导刊[J],2005,12:20.

已经成为儿童精神医学中备受关注的领域之一。

一、自闭症谱系障碍的概念

2013年美国精神病学会新发布的《精神疾病诊断与统计手册》(第五版)(DSM-5)中正式提出了自闭症谱系障碍(Autism Spectrum Disorder,ASD)的概念。自闭症谱系障碍又称为泛自闭症,上类儿童在社会性交往方面存在持续性的缺陷,有刻板重复的行为、兴趣以及活动,并且症状常出现于童年早期(有可能在社会互动上的挑战超过其有限的能力时才完全呈现),同时存在日常功能受限或损伤。据统计,近年来,儿童自闭症谱系障碍患者数量呈上升趋势,已经从过去很罕见的疾病发展为较为常见的发育障碍性疾病,甚至超过脑瘫及唐氏综合症的患病率,排在儿童精神发育障碍的首位。

但是自闭症谱系障碍儿童的具体数量,世界范围内都没有定论。近年来的流行病调查数据显示,全球范围内自闭症谱系障碍儿童患病率均有上升趋势,已经成为世界上人数增长最快的严重疾病。有研究显示,美国从2000年到2008年,自闭症谱系障碍儿童的患病率明显增高,如图1-1所示。迄今我国还没有全国性的自闭症谱系障碍流行病学调查数据,按照美国的患病率1/150估计,全球约有超过3500万自闭症谱系障碍患者,据此推算,中国估计有200万自闭症谱系障碍儿童,而自闭症谱系障碍整个人群可能超过700万。[①]

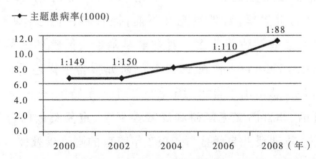

图1-1 2000—2008年美国儿童自闭症谱系障碍患病率增高趋势图[②]

---

① 吴柏林,邹小兵,徐秀.孤独症:从基因组学到临床实践[J].中国循证儿科杂志,2008,3(4):241-246.

② 武丽杰.我国孤独症谱系障碍流行病学现状及趋势[J].中国实用儿科杂志,2013,8:571.

二、自闭症谱系障碍病因的厘清

"自闭症"一词最早出现在1913年,瑞士精神病医生尤金·布鲁勒(Eugen Bleuler)用其来解释成人精神分裂症所表现出的对人们和外在世界窄化的关系,极端的从社会生活中孤立退缩,似乎除了自己外,排除了外界任何事物的行为。[①] 因为autistic或autism都出自希腊字(autos),意指自我(self),因此自闭症的原意是指一个人经常被自己占有,或全神贯注于自己的意思。当时医学界认为自闭症儿童的问题在于思想行为脱离现实,固着幻想,并多沿用成人的判断,认为这些儿童患有精神病,因此常用的诊断名称如儿童期精神病或儿童精神分裂症。

1943年堪纳医生发表了《情感交流的自闭性障碍》的论文。他明确指出自闭症儿童特有的一组特征:极端的自闭性孤立、同一性的保持、出色的机械记忆能力、模仿言语的迟误、对刺激的过度敏感、自发性活动类型的局限性、良好的潜在认知能力。他还认为自闭症是一种情感性的障碍,可能与父母养育不当有关。[②] 堪纳认为这群儿童的问题为情感接触障碍,他认为个案之所以会出现这些问题,是由生物的因素所造成的。

因此,自堪纳首次报告自闭症以来,对自闭症的研究早期主要集中于"心因说",即认为自闭症是一种精神分裂症或由于父母养育不当导致的一种心理疾病,治疗的方法也主要是游戏治疗、心理咨询和养育方法指导等。[③]

从1950年到1960年间,精神医学界大多认为自闭症是一种"心理生物异常",许多该领域的书籍或文章多归咎于父母亲的养育不当,认为父母偏差的人格特质、不适当的管教态度,是造成儿童罹患自闭症的主因。医学界的幼儿发展专家布鲁诺·贝特尔海姆(Bruno Bettelheim)提出"冰箱母亲"理论,认为自闭症是由于疏远或不关心孩子的"冰箱母亲"所造成,认为母亲对孩子冷淡和缺乏关爱,贫乏的互动造成孩子冷漠、呆板的行为

---

① 冯夏婷.儿童自闭症研究的回顾与展望[J].教育导刊,2005,12:20.
② 李国瑞.自闭症诊断与治疗研究动向综述[J].心理科学,2004,27(6):1449.
③ 徐大真等.自闭症治疗理论与方法研究综述[J].国际精神病学杂志,2009,36(2):116.

模式。① 此论述一直都有其影响力,此时关于自闭症儿童父母的论述多是责难,人们普遍认为情绪冷淡是自闭症儿童的家庭特征,儿童自闭症是父母对子女缺乏感情而造成。

直到1964年,美国心理学家伯纳德·瑞慕兰(Bernard Rimland)出版了《婴儿自闭症——行为神经理论的症状与意义》(Infantile Autism: The Syndrome and Its Implications for a Neural Theory of Behavior)一书,推翻以往"冰箱母亲"的论述与假定。他发现该疾病是由生物学因素所引起的,是一种生理失调,而不是情绪疾病。之后又有许多相关研究渐渐地证实伯纳德的观点,原先"冰箱母亲"的假设已失去其可信度,人们对于自闭症儿童病因的探究转而着重从基因、遗传等角度。直到今日,医学界才逐渐认清,自闭症是一种神经发展异常,病症主要是由生物因素所造成,但尚未有任何一个生物因素,可以完全解释自闭症发生的原因。

自闭症并不是由于父母的养育态度所造成,它的成因目前医学上并无定论,很可能是多方面的因素造成脑部不同地方的伤害。至于可能造成自闭症的因素,则有下列几项。①遗传的因素:20%的自闭症患者中,他(她)的家族可以找到智能不足、语言发展迟滞和类似自闭症的症状。此外,自闭症男童中约10%有X染色体脆性综合症。②怀孕期间的病毒感染:妇女怀孕期间可能因得过麻疹或有流行性感冒等病毒感染,使胎儿的脑部发育受损伤而导致自闭症。③新陈代谢疾病:如苯丙酮尿症等先天的新陈代谢障碍,造成脑细胞的功能失调和障碍,会影响脑神经讯息传递的功能,而造成自闭症。④脑部异常:包括在怀孕期间窘迫性流产等因素而造成大脑发育不全,生产过程中早产、难产、新生儿脑伤,以及婴儿期因感染脑炎、脑膜炎等疾病造成脑部伤害等因素,都可能增加自闭症机会。

三、自闭症谱系障碍的诊断

2013年5月美国精神学会出版《精神疾病诊断与统计手册》(第五版)(DSM-5),针对自闭症谱系障碍的认定较之前有了更为准确的标准。《精神

---

① 片成男.儿童自闭症的历史、现状及其相关研究[J].心理发展与教育,1999,1:51.

疾病诊断与统计手册》(第五版)(DSM-5)已于 2013 年 5 月 18 日由美国精神病协会在美国正式出版,关于自闭症谱系障碍的诊断标准见表 1-1。

表 1-1 DSM-5 中自闭症谱系障碍诊断标准[①]

> A. 个体目前或曾经持续性地在跨情境社会交往和社会互动过程中存在着以下问题(但不包括一般的发育迟缓):
> 1. 在社交情绪的互动方面存在问题,例如:社交技能欠缺和不能进行正常的对话往来;无法分享兴趣、情绪或感受;难以发起或回应社会互动。
> 2. 在社交互动的非语言沟通方面存在问题,例如:整合语言和非语言沟通较差;异常的眼神接触、身体语言的运用;对非口语沟通的使用与理解困难,缺乏面部表情和手势。
> 3. 在发展和维持人际关系(除照顾者)方面存在问题,例如:难以调整行为以适应不同的社会环境;难以进行想象性游戏;难以发展同伴关系;对同伴缺乏兴趣。
> B. 目前或曾经持续性地出现刻板、重复的行为模式、兴趣或活动,至少包括以下两项:
> 1. 固定或重复性的动作、语言或操作物品(如单一、重复性地动作、操作物品或仿说,特殊短语)。
> 2. 过度坚持常规惯例、仪式化的语言或非语言行为(例如极端讨厌任何微小的改变,对不同模式之间的过渡存在问题,思维模式僵化,每天需要吃相同的食物)。
> 3. 极度沉迷于异常的兴趣(如对特定物体的强烈依恋或专注,喜欢旋转的物体或固执的兴趣)。
> 4. 对环境中的感觉输入或输出方面过于敏感或迟钝(如对疼痛、温度没有反应,对特定的声音或质地、气味或接触物体产生不良反应,迷恋于灯光或旋转的物体)。
> C. 症状必须于童年早期就已经出现(但直到社交能力出现问题时或在后期学习时才会明显表现出来)。
> D. 这些症状将会影响个体的社交、工作或其他的日常功能。
> E. 这些问题不能完全用智力障碍(智力发展问题)或发育迟缓来解释。智力障碍和自闭症谱系障碍常常会共同出现,从而产生自闭症谱系障碍和智力障碍共病的诊断,社会交往低于一般发展水平。

《精神疾病诊断与统计手册》(第五版)根据自闭症谱系障碍儿童所需要

[①] 邹小兵,邓红珠. 美国精神疾病诊断分类手册第 5 版"孤独症谱系障碍诊断标准"解读[J]. 中国实用儿科杂志,2013,8:562.

的支持程度不同对其进行了分类(见表1-2),以期对这类儿童提供适切的帮助从而促进他们的发展,改变了过去版本中较为模糊甚至无明显病情程度划分的诊断方式。在现实的家庭照顾中,家长迫切需要清晰地了解自己孩子的障碍程度,新标准根据自闭症谱系障碍儿童的症状和功能水平分为三级的严重程度,能够更好地为自闭症谱系障碍儿童家庭选择干预方案提供参照。

表1-2 自闭症谱系障碍患儿不同程度分级的临床表现[①]

严重程度	社会交流	狭隘兴趣和重复刻板行为
三级(需要非常高强度的帮助)	严重的言语和非言语社会交流技能缺陷导致严重功能受损;极少发起社交互动,对他人的社交示意反应低下	迷恋、固定的仪式或重复行为,显著影响各方面功能;当这些行为被中断时表现出明显的痛苦反应;很难从其狭隘的兴趣中转移出来或很快又回到原有的兴趣中去
二级(需要高强度的帮助)	明显的言语和非言语社会交流技巧缺陷;即使给予现场支持也表现出明显社交受损;极少发起社交互动,对他人的社交示意反应较低或异常	重复刻板行为和(或)迷恋或固定的仪式频繁出现,观察也可明显发现;在很多场合下影响患者的功能;当这些行为被中断时表现明显的痛苦反应或挫折反应;较难从其狭隘的兴趣中转移出来
一级(需要帮助)	当现场缺乏支持时,社会交流缺陷引起可察觉到的功能受损;发起社交困难;对他人的社交示意反应显得不正常或不成功;可能表现出社交兴趣降低	仪式和重复行为在某一个或多个场合中显著影响到患者功能;若他人试图中断其重复刻板行为或将其从狭隘兴趣中转移出来,会表现出抵抗

在我国,"自闭症"这一诊断术语最早出现在20世纪50年代著名的精神病学家纪明教授等人翻译的美国经典《精神病学》教科书上,在该书中使

---

① 邹小兵,邓红珠.美国精神疾病诊断分类手册第5版"孤独症谱系障碍诊断标准"解读[J].中国实用儿科杂志,2013,8:562.

用的标题是"婴儿自闭症"。① 而真正到诊断出自闭症案例的则是在20世纪80年代,由南京脑科医院的陶国泰教授诊断报道。

自闭症儿童中,男童的患病率明显高于女童,大约为4~7:1。我国在2004年对北京市进行的2~6岁残疾儿童抽样调查中发现,在抽样的21866名儿童中,被诊断为广泛性发育障碍的患儿有18人,其中自闭症儿童16人,不典型自闭症1人,雷特综合症1人,现患率为0.073%,经假阴性率校正后现患率为0.153%。② 而美国疾病控制中心(CDC)2014年公布的发病率则达到1:68。我国尚未开展全国性的流行病学调查,但2006年第二次全国残疾人抽样调查显示,自闭症谱系障碍已经成为我国儿童精神残疾的最大病种。③

综上所述,自闭症谱系障碍儿童由于其神经心理功能异常而显现出在沟通、社会互动、行为以及兴趣表现上有严重问题,严重危害其身心健康,造成在学习和生活适应上有显著困难,并可能伴随其他缺陷或障碍。另外,不同的自闭症谱系障碍儿童,其行为发展特征皆有所不同,其需求也各不相同,需要进行个别化地评估和干预。

第二节 自闭症谱系障碍儿童的发展特点

自闭症谱系障碍儿童主要在人际互动、沟通语言和兴趣及活动方式等方面表现出障碍或独特性,使得家庭在教养过程中承受较大的压力和挫败,影响家庭的健康发展。自闭症谱系障碍儿童虽然同属一个类别,但在表现上却千差万别,因此很难完全复制前人的成功经验,需要家长区别对待。

一、生理特点

大多数自闭症谱系障碍儿童在身体和运动协调方面发育得很好,并且可能在整个青少年时期都会保持这种很好的身体技能,因此从生理发展上

---

① 杨晓玲.解密孤独症[M].北京:华夏出版社,2007:2.
② 杨晓玲.孤独症研究进展[J].中华医学信息导报,2006,21:12.
③ 中国精神残疾人及亲友协会编著.中国孤独症家庭需求蓝皮书[M].北京:华夏出版社,2014:4.

很难辨别儿童是否患有自闭症。但是当让自闭症谱系障碍儿童单独活动的时候,往往会发现他们的一些诡异的行为,例如毫无目的地漫步、一成不变的动作、反复地摆弄物品等。另外有不少的案例发现,部分自闭症谱系障碍儿童存在严重的睡眠问题,睡眠时间不固定,对某些感觉刺激如听觉或触觉会有过度敏感或迟钝的反应。少数自闭症谱系障碍儿童可能会有撞头、敲打头部、抠挖手臂等自伤行为或攻击他人的行为。20%～25%的自闭症患者在幼年期及成年期都容易出现癫痫发作的情况,需要使用药物适当地控制。[①]

二、心理特点

自闭症谱系障碍儿童的心理行为特点因其障碍程度、生活经验和干预效果不同而有其不同的表现形式和个体差异,但以下三个方面的心理行为特点是最为常见亦是最为普遍的。[②]

(一)人际互动方面

在人际互动方面,自闭症谱系障碍儿童缺乏与他人形成"共同注意"的能力,喜欢独自玩耍,与同伴之间的互动存在障碍。并且,自闭症谱系障碍儿童往往很难关注他人的情感,不能察觉别人的感受。另外,自闭症谱系障碍儿童缺乏与他人一对一的交流对话的能力,以及在理解不同情境的规则上存在困难。这些都严重影响了自闭症谱系障碍儿童与他人互动过程中的质量,阻碍了其与同伴的正常交往。

回避与他人视线接触,缺乏与他人形成"共同注意"焦点。自闭症谱系障碍儿童往往在与别人对话时眼睛不与人对视,对他人的微笑或打招呼很少给予回应。眼神表情变化较少,很少表现出害羞、炫耀的表情,肢体语言也不如同龄儿童丰富,比较不会调整自己的身体姿势、手势等。自闭症谱系障碍儿童很难与他人形成"共同注意"焦点,很少主动"指"东西要大人一起看,或注意看别人指给他看的东西,如妈妈指天上的飞机时儿童不会抬

---

① 宋维村.自闭症学生辅导手册[Z].台湾台南师范学院,2000:27.
② 赖美智.手拉手,我们都是好朋友:学前融合教育实务工作手册[M].台北:台湾财团法人第一社会福利基金会,2004:46.

头看。

与同伴互动及游戏能力弱。自闭症谱系障碍儿童大多自己玩,对其他小朋友的活动很少给予注意,或仅仅是在一旁看或笑,显得很有兴趣,但却不会主动加入。参与合作性游戏活动的能力较缺乏,不容易理解及配合团体或他人的规则。

互动的对象有限,只对某些特定的人物及活动有回应。自闭症谱系障碍儿童不会模仿他人的动作或表情,即使模仿表情也显得生硬、不自然或动作不完整。自闭症谱系障碍儿童只对熟悉的人讲话有些回应,但对于他人的拥抱、打招呼等常常视而不见。参与活动过程中只对某些环节有兴趣,如音乐课参与度高,但团体讨论时却坐不住。

较不容易察觉别人的需要或感受。自闭症谱系障碍儿童很难具有同理心去体会他人的需要或感受,即使是照顾自己的家人。在团体活动中看到小朋友哭没有反应或甚至觉得好笑,因此很难与其他小朋友建立正常的人际情感交流。

不容易与他人进行一来一往的游戏或对话。自闭症谱系障碍儿童在和其他小朋友相处时容易忽视对方的互动和对话,最终导致无法建立良好的同伴关系。例如:自闭症谱系障碍儿童和小朋友玩丢接球时不会伸手接球,而且还将球乱丢,让对方觉得无趣而渐渐不找他玩,小朋友和自闭症谱系障碍儿童说话也往往因为没有得到回应而不高兴或不再找他。

学习不同情境的社会规则有困难。自闭症谱系障碍儿童相较于其他小朋友在学习不同场合的社会规则方面存在严重困难。如,自闭症小朋友更多地表现在餐厅里乱跑,随意拿别人的物品,随意开关教室的灯,不会排队等待等行为,表现出比普通儿童需要花更长时间才能了解并遵守规则的状态。

(二)沟通语言方面

自闭症谱系障碍儿童在沟通语言方面也存在质的障碍,表现在不会使用正确的沟通方式。往往用问题行为来代替沟通行为,对于别人的问话不给予回应,在使用代名词时出现反转,以及在语用方面存在问题。有些自闭症谱系障碍儿童可能在语调上也会存在发展异常,容易表现出语调异常、频率过高的现象。

不会运用正确的沟通方式。自闭症谱系障碍儿童很少用正确的沟通方式表示要求或拒绝,如,不会叫他人的名字来吸引对方的注意,不会用点头或手"指"物来表示要求,也很少用"摇头或摇手"来表示拒绝,大多数自闭症谱系障碍儿童会直接用发脾气或跑开来表示拒绝。另外,自闭症谱系障碍儿童在沟通方面表现较为被动,一般在自己确实有需求时才会找人帮忙,但缺乏与他人的眼神对视,直接将他人当做解决问题的工具,缺乏情感的交流。比如,自闭症谱系障碍儿童往往会直接拉大人的手放在门上表示需要帮忙开门,但眼睛却完全不看对方。

常出现鹦鹉式仿说行为,不回应别人问话。自闭症谱系障碍儿童往往容易复述别人的问话,如别人问他"这是什么?",往往回答"这是什么",或不断复述广告词。对别人所问往往答非所问,只讲自己有兴趣的。

运用代名词你、我、他时反转。自闭症谱系障碍儿童在运用代名词时容易出现反转的情况,例如把"我要吃"说成"你要吃"等。

存在"语用"方面的问题。即使发展出语言的自闭症谱系障碍儿童仍然存在"语用"方面的问题,不会把语言适时适当地说出来。门打不开时只会尖叫,而不会叫人或说"开门"。固定用不正确的语词表达意思,如每次要拒绝他人要求时就说"回家"代表"我不要"。焦虑、无聊或过度兴奋时容易自言自语。

(三) 狭窄的兴趣和游戏活动方式

除了人际互动和沟通语言的障碍,自闭症谱系障碍儿童往往表现出狭窄的兴趣和游戏活动方式,具体体现在兴趣单一、行为重复、喜好特异、感知障碍以及社会化游戏缺乏等几个方面。

兴趣单一: 自闭症谱系障碍儿童往往只对某些玩具或物品有兴趣,如小汽车,或者喜好将各种东西排成一条直线。固定玩某种颜色或形状的积木或玩具;热衷于不断地开门关门等。另外自闭症谱系障碍儿童往往表现出固执的行为方式,如走固定的路线、东西要放在固定的地方、要穿固定的衣服、用固定的杯子喝水,甚至只吃固定的几种食物。

行为重复: 自闭症谱系障碍儿童往往偏好重复地做某些动作,如经常拿起东西就闻,不停地转圈圈、摇晃身体、晃动手指,不断拍弹各种东西,咬纸片等。

喜好特异:自闭症谱系障碍儿童喜欢看旋转或有线条的东西,如电扇和车轮等,常常会聚精会神观察某些图案,反复看个不停。自闭症谱系障碍儿童的喜好特异还表现在玩玩具的方式上,如普通儿童在玩小汽车模型时,会让汽车跑起来,而自闭症谱系障碍儿童玩小汽车则喜欢将小汽车倒过来,用手指扒着小汽车轮子,看其转动的过程。

感知障碍:自闭症谱系障碍儿童对声音的反应存在极度的不一致,常常存在听而不闻的现象,但是又对个别声音过分敏感,如抽水马桶的声音等,对音乐的旋律敏感度也较高。在触觉反应上,自闭症谱系障碍儿童往往也存在两极化,一方面表现出过分的触觉防御,排斥洗脸刷牙,不肯穿某种质料的衣服,不愿意他人碰触,而另一方面则是对疼痛反应迟钝。

社会化游戏缺乏:自闭症谱系障碍儿童较少出现装扮性游戏或社会模仿性游戏,如正常幼儿经常玩的过家家或角色扮演等,若出现此类游戏活动,多半也是模仿别人或电视情节,很少会有自己想象的、创造的或变化性高的玩法。

第三节 自闭症谱系障碍儿童的干预

自闭症谱系障碍是一种伴随终身的疾病,目前还没有可以完全治愈的方法。但是如果能够在儿童早期就开始进行有针对性的干预和治疗,自闭症谱系障碍儿童的症状或困难往往会变得少很多,将来也更容易融入社会生活。有研究发现,早期对于自闭症谱系障碍儿童干预成功与否对于儿童未来的发展影响较大。[1] 近几年,世界范围的自闭症康复教育领域得到了大力发展,涌现出不少针对自闭症谱系障碍儿童干预的方法。这些方法综合归纳起来可以分为行为策略、互动策略、认知策略和环境策略四个部分,下

---

[1] Ashum Gupta, Nidhi Singhal. Psychosocial Support for Families of Children with Autism[J]. Asia Pacific Disability Rehabilitation Journal, 2005, 2: 62-83.

面针对这四个部分中的一些代表性干预方法进行简单的介绍。

一、行为策略—应用行为分析

自闭症谱系障碍儿童较之于普通儿童容易受到外界因素的诱发而表现出一些特异的行为模式，加之自闭症谱系障碍儿童往往很难理解具体的社会情境，因此更容易表现出特定的行为问题。在针对行为的干预策略中，应用行为分析被公认为最有效的方案。应用行为分析专注于强化儿童的正确行为，不鼓励负面错误行为，并教导自闭症儿童重要的生活技能。

应用行为分析（Applied Behavior Analysis，ABA）方法是20世纪60年代由美国南加州大学洛杉矶分校的心理学教授罗瓦斯（Lovaas）系统研究并引入到自闭症及其他发育障碍的治疗教育中，应用行为分析主要针对儿童的不适当行为进行功能分析并改变，比如，自伤、攻击他人等，除此之外，还包括帮助自闭症儿童建立新行为、学习新技能。

应用行为分析强调对自闭症儿童行为发生情境的关注，提倡功能性的行为评估，需要了解行为的前因后果，然后再确定行为改变的方案，并尽可能提供积极的行为支持，诱发正确的行为，并提供强化。而对于问题行为，则尽可能改变情境以避免其出现，或根据问题行为的功能改变相关条件，以减少发生几率。

基于应用行为分析的原理，后来发展起来的早期强化行为干预（EIBI）、分离试验训练（DTT）、核心反应训练（PRT）以及语言行为干预（VBI）等都在自闭症儿童教育干预中发挥重要作用。

二、互动策略—地板时光

在自闭症儿童互动策略中，地板时光被认为是较好的干预方案。地板时光（Floor Time）由美国精神病学家斯坦利·格林斯潘（Stanley Greenspan）和塞蕾娜·维尔德（Serena Wieder）于20世纪80年代所创，是一套经过长期的研究和实践、效果得到实际证明的方法。顾名思义，地板时光就是通过亲子互动建立和谐融洽的关系，刺激孩子对人的兴趣，吸引他们与互动对象的联系，丰富孩子的意念和思维，令孩子更灵活、主动及具有创意，发展孩子的智力和情感。换言之,地板时光可以说是一种游戏训练法,通过成人与孩子之间的游戏来增加互动。地板时光的目标是帮助自闭症儿童提高四种基本的能力[①]:建立亲密关系、形成双向沟通能力、学会象征性的意义和发展情感与观念相联系的逻辑智慧。地板时光遵循"发展取向、注重个体差异、以关系为基础的工作模式",因此其干预方法建立在儿童发展的阶段或层次上,照顾到每个儿童加工信息的独特方式,以构建良好的互动关系和促进进步的学习关系。地板时光不局限于开展的场合,既可以在家里,也可以在学校,也可以在康复机构中,教师或康复师通过观察、了解孩子,进而发展出以孩子为主导的游戏过程,并不断拓展游戏使孩子获得进步和发展。

三、认知策略—社交故事

自闭症谱系障碍儿童普遍存在着认知的困难,要帮助其理解社交情境,借助社交故事的教学是一个较好的方案。卡罗尔·格雷(Carol Gray)于1991年根据自身教学经验开发了社交故事教学方法,主要目的是解决自闭症谱系障碍儿童经常出现的社会交往问题,帮助他们改善由于缺乏社会性认知能力、心智理论发展迟缓而导致的不能理解他人的情绪、想法、观点以及不能理解事物的来龙去脉等社会交往困难部分。[②] 社交故事往往是以儿童第一人称的口吻,以其能够理解的方式去撰写一个故事,故事中包括儿童目标行为发生的场景、人物、社交技巧、事件等一系列与目标行为有关的线索以及适当的社会反应。自闭症谱系障碍儿童通过学习这个故事以理解情境,进而表现出适当的行为方式。社交故事的目的和功能主要包括以下四个部分:

(1) 提供客观及正确的社交资料(何事、何时、何地、为何、如何);利用自闭症儿童较强的处理视觉讯息能力,希望能增强自闭症儿童的社交理解能力。

---

① 尤娜,杨广学.自闭症"地板时光"疗法(Ⅰ):关系与表达训练[J].中国特殊教育,2008,9:35-39.
② 孙玉梅,邓猛.自闭症谱系障碍儿童社会故事干预有效性研究综述[J].中国特殊教育,2010,8:42.

(2) 引导正确的社交行为和态度,或一般人预期恰当的社交表现;希望能增强及扩展自闭症儿童与人交往的能力。

(3) 解释大部分人应有的社交表现及其他人对正确社交行为的反应,令自闭症儿童直接"阅读"及明白社交要求;希望能增强自闭症儿童"心智解读"的能力。

(4) 描述社交场合/处境的特点,重心或可能产生误解的细节;目的是处理自闭症儿童缺乏掌握重要部分和整体概念的能力。

在社交故事的编写过程中,需要尽可能以儿童的角度去描述情境,多使用肯定的语言,少描述消极的行为,并且多使用描述句少使用指导句。在编排方式和内容选择上,应该尽可能照顾到自闭症儿童的能力和兴趣,采用图画、照片、视频等多种方式组织内容,以促进自闭症谱系障碍儿童对内容的理解。社交故事一般包括以下几种句型:描述句、观点句、引导句、肯定句、控制句、合作句、部分句以及前导句等。[1] 以上这些句型在一篇社会故事中并不必须同时出现,但基本句型的使用有一定要求,要多用描述句、观点句、肯定句与合作句(这四种句型统称为描述性句子),少用引导句或控制句(这两种句型统称为指导性句子),以免说教味道太浓,引起自闭症谱系障碍儿童的反感。

四、环境策略—结构化教学

自闭症谱系障碍儿童对于环境过度反应且无法控制,而结构化教学则是以自闭症谱系障碍儿童的认知、需求、兴趣为考量,相对地调整环境,增进其独立能力与行为管理能力。[2] 结构化教学是美国北卡罗来纳州立大学夏普勒(Schople)教授 20 世纪 70 年代为自闭症和社交障碍儿童所设计的课程与教学项目。该项目主要包括四个要素:空间结构、时间结构、个别化工作系统和视觉提示。

---

[1] 李晓,尤娜,丁月增等.自闭症儿童干预中社会故事法的应用[J].现代特殊教育,2009,11:38-40.

[2] [美]Gary Mesibow,Marie Howley.自闭症学生的融合教育课程—运用结构化教学协助融合[M].杨宗仁等译.台北:心理出版社,2010:18.

结构化教学中的空间结构即是强调应尽可能提供一个安全简单有序的学习环境。家长或教师应视儿童情况而设法为他们减少环境中不利于学习和活动的因素,例如,噪音、刺眼的光线、室温过高、过多的装饰等,尽量使他们觉得舒适安全,从而减少问题行为的产生。另外,部分自闭症儿童容易因为各种问题而产生强烈的情绪反应,甚至出现攻击性行为和自伤行为,因此,家庭或教室尽量采用软包墙面,以及尽可能减少潜在危险物品的摆放,同时也应多关注自闭症儿童,尽可能排除问题行为的诱因。自闭症谱系障碍儿童由于存在各项认知困难,因此提供稳定而有规律的学习和生活环境,能够提升他们的安全感,避免产生焦虑。自闭症儿童不容易适应转变,因此日常活动在做出转变前,家长或教师都应该告诉儿童转变的性质和原因。另外,尽可能清楚地呈现出每项活动与环境之间的关联,例如清楚地标出个别学习区、团体活动区、游戏区、休息区、点心区等,帮助他们理解不同活动区域的不同活动形态。

结构化教学中的时间结构则是强调应帮助儿童预先知道自己的活动安排,帮助他们做好心理准备,顺利进行各种活动的过渡,减少焦虑情绪。例如在教室内或自闭症儿童桌上张贴其作息时间表,让其可以预知接下来的活动安排,减少了儿童等待、空闲的时间,能够让儿童更有序地生活和学习。

结构化教学中的个别化工作系统则是帮助自闭症谱系障碍儿童了解工作中自己该做些什么,需要在规定时间内做多少工作,何时进行下一步工作以及工作完成后会如何。个别化工作系统的呈现可以用书写式的,也可以用图片式的,还可以用照片式的,目的在于帮助自闭症谱系障碍儿童理解工作的内容、工作的完成,以减少儿童不安和焦虑的情绪。

视觉提示则包括视觉清晰、视觉组织和视觉指导。[①] 视觉清晰即把活动内容清楚呈现出来,对自闭症谱系障碍儿童来说,要完成的任务能够明确清楚,让他们能在最少的情绪下发挥最大的能力去完成工作。如一个用颜色与形状分类的任务,强调颜色或形状的要素,分类就容易完成。视觉组织即家长或教

---

① [美]Gary Mesibow,Marie Howley. 自闭症学生的融合教育课程——运用结构化教学协助融合[M]. 杨宗仁等译. 台北:心理出版社,2010:18-20.

师事先安排好活动环境中的材料,让工作材料有规律,能吸引儿童,减少其他刺激。如,要做分类工作时,把材料放在篮子中,会比随意放在桌子上,儿童更容易完成。视觉指导是在自闭症儿童能够理解的范围内,提供如何把工作完成的视觉讯息。这些视觉讯息包括材料完成后的图片,完成框的摆放等等,用以提示儿童需要完成什么。比如将文件夹左边放置未完成的任务材料,右边放置完成后的任务,以帮助儿童分清任务的不同状态。

  除此之外,在自闭症儿童干预方案中,还包括言语治疗、感觉统合训练、音乐治疗以及游戏治疗等多种选择。但对于自闭症谱系障碍儿童的干预选择,目前普遍存在的共识是,应以循证实践为导向,采用经过科学研究证明有效的干预方法以发展自闭症谱系障碍儿童的能力。

第二章　自闭症谱系障碍儿童家庭相关研究

家庭是自闭症谱系障碍儿童最主要的成长环境和活动场所,因此家庭对于自闭症谱系障碍儿童具有重要的意义。家庭本身也被赋予对自闭症谱系障碍儿童进行生理照顾、心理发展以及教育康复等多项功能,家长则责无旁贷地需要承担照顾者、教育者,有时甚至是治疗者等多重角色。一方面,家长在完全没有准备的情况下需要迅速成长以履行职责,另一方面,家长还需要完成自己为人妻或为人夫、为人子女或为人职员等多重身份,这些错综复杂的身份都一起附加于自闭症谱系障碍儿童家长身上,如何平衡或如何扮演好这些角色,绝对是他们的一大难题。本章重点从自闭症谱系障碍儿童家庭困境与危机、压力与应对以及需求与支持这几个角度总结和分析现有的自闭症谱系障碍儿童的家庭研究,以提供全方位地审视。

第一节　自闭症谱系障碍儿童家庭困境与危机

自闭症谱系障碍儿童由于发病情况的特殊性和严重性,会出现许多特殊的需求,而连带的其家庭也会面临许多困境与危机。因此,不只自闭症谱系障碍儿童需要各种外界资源的协助,家人也可能因为经济或照顾上的负荷,而需要特别的支持与协助。

一、自闭症谱系障碍儿童家庭的困境

2001 年,自闭症首次被列入全国残疾儿童调查。2006 年,中国残疾人联合会将自闭症正式纳入精神残疾的类别,其康复训练纳入"十一五"发展纲要,明确在各地建立康复训练机构,包括北京、上海、广州、深圳等 31 个试点城市。2007 年,联合国大会通过决议,自 2008 年起,每年的 4 月 2 日被定

为"世界自闭症关注日",以提高人们对自闭症及相关研究和诊断的关注。自 2010 年起,国家启动了《贫困残疾儿童抢救性康复项目实施方案》,其中对 0～6 岁的孤独症儿童的康复训练也制定了补助标准。2011 年国家再次出台《残疾儿童康复救助"七彩梦行动计划"》,提出中国残联将在 2011 年至 2015 年间,由中央财政安排专项补助资金,支持各地实施残疾儿童康复救助项目,其中包括为 3.6 万名 3～6 岁的贫困自闭症儿童康复训练给予补助,按照每年人均 12000 元进行。① 虽然自闭症儿童以及家庭的境遇在政府的大力扶持下,有所改善,但是面对大量的教育、康复、就业和成年养护等问题,自闭症家庭的压力仍然未能有所缓解。在 2012 两会期间,北京自闭症康复协会就通过人大代表提交了"关于建立成年自闭症人群庇护性就业机构的建议",并得到残联副主席的答复,将在"十二五"期间加大对残疾人托养服务机构建设的投入。

虽然自闭症谱系障碍儿童及其家庭的相关问题已经引起全社会普遍关注,但是,面临数量如此巨大的自闭症谱系障碍患者群体,面临病因尚未明确的自闭症谱系障碍群体,我国目前仍然未能形成一个健全稳定的支持服务体系。在自闭症谱系障碍儿童的救助方面,立法保障、康复机构、政府补贴等政策过于单薄;在自闭症谱系障碍儿童的安置方面,特殊教育、就业、托养服务等政策也都是刚刚起步。社会支持体系和保障体系的缺位,使得大多数自闭症谱系障碍儿童家庭需要独自承受养育儿童所带来的压力,这种压力不仅表现在财力和精力上,更多的是体现在对父母精神的打击上。当儿童被评估鉴定为自闭症谱系障碍之后,大多数家庭需要独自面对诊断结果的残酷和一连串有关儿童发展、养育等专业问题的困惑。特别是在目前自闭症谱系障碍儿童康复资源(人力、机构)严重不足,供需失衡的情况下,大多数自闭症谱系障碍儿童家长需要通过自救的方式开始艰辛的救赎之路。自闭症谱系障碍儿童在沟通、人际交往和行为表现上存在不同程度的问题,在日常生活和学习过程中存在显著的困难,并伴有不同程度的行为问题,并且大多数自闭症儿童伴随有不同程度的智力障碍,这些问题往往只能

---

① 残疾儿童康复救助"七彩梦行动计划"实施方案[EB/OL].

改善并不能完全根治,因此,自闭症谱系障碍向来被视为会伴随儿童一生,这对整个家庭来说无疑是雪上加霜。而自闭症谱系障碍儿童的父母承受的责任和压力之重,要远远超过普通儿童父母和其他障碍类型父母,必然会导致一系列消极负面的影响,例如失落、绝望、沮丧、焦虑以及忧郁,甚至是婚姻破裂。[1]

自闭症谱系障碍儿童的家长也许是为人父母者中最艰辛的一个群体,因为他们所要承担的精神和物质压力之大超出常人的想象。梅思(Maes)在其研究报告中指出:自闭症谱系障碍儿童及家人(主要是父母)承受的压力是一般儿童及成年人所无法承受的,这是因为他们的孩子被社会烙上了一个令人心痛的印记,身为父母者没有充分的心理和行为准备去面对存在发展障碍的孩子。[2] 对于那些曾经对孩子充满殷切期待的父母来说,忽然被告知他们的孩子是一个存在广泛性发育障碍的儿童或自己感觉到自己的孩子在认知、语言、社会交往或行为方面存在明显发展迟缓时,会给家庭带来巨大的危机,且家长的心理和行为都要经受显著的调整以面临难以改变的现实。除此之外,由于目前国内专门针对自闭症的教育机构数目不多,教育质量参差不齐,家庭还必须担负起养护、康复、教育的全部重担,给家庭及家长带来了无法负荷的压力。正是在这样的现实背景下,自闭症谱系障碍儿童家庭所处困境亟待解决。

二、自闭症谱系障碍儿童家庭的危机

自闭症谱系障碍儿童因其发展障碍的广泛性,其干预和康复的历程俨然使其成为一种极其昂贵的发展障碍,无论是国家,还是家庭,为自闭症谱系障碍儿童乃至成人所付出的心理成本、经济成本和精力成本都是巨大的,导致家庭出现重重危机。自闭症孩子的出现后,原本的日常生活被打乱了,如赫顿(Hutton)等人从家庭的整体观出发,发现自闭症儿童家庭主要存在以下的问题:存在婚姻危机、父母的工作受到影响、之前对生活的规划被打

---

[1] Meadan,H.,Halle,J. W.,& Ebata,A. T.. Families with children who have autism spectrum disorders:stress and support[J]. Exceptional Children,2010,1:7-36
[2] 周念丽.自闭症谱系障碍儿童的发展与教育[M].北京:北京大学出版社,2013:156.

乱、娱乐及休闲时间减少、孩子基本没有朋友、父母担心孩子的安全问题等。① 据格雷（Gray,2003）等人的研究，认为自闭症谱系障碍儿童家庭的压力主要表现在以下几个方面：个人生活及情绪受到影响、婚姻关系改变、工作改变、必须负担维持家庭秩序的责任。这种种压力使得自闭症儿童家庭处在危机之中。②

（一）情感危机

为了自己的孩子，有些自闭症谱系障碍儿童家庭可能会夫妻同舟共济、祸福与共，为孩子的康复而努力；有些则因不堪重负而导致夫妻双方出现情感危机，甚至最终导致家庭解体。③ 尤其是当家庭中一方出现严重的情绪问题或因压力引起的身心疾病等，都可能导致家庭成员之间的感情变得薄弱。另外，自闭症谱系障碍的出现，很可能导致父母之间相互推脱责任，怀疑是对方的问题，出现责怪对方甚至怨恨对方的心理或行为，这都会导致婚姻不和谐或破裂。另外，自闭症谱系障碍儿童的出现往往需要一大家人付出心力来进行照顾或康复，而父母和祖父母在自闭症谱系障碍儿童的认识和教养方式上会存在极大的差异，严重的教养分歧不仅可能使配偶关系出现危机，也可能使家庭成员的情感出现裂痕。随着时间的推移和孩子障碍程度的加重，情感危机会愈来愈恶劣，持久性和摧毁力也会越来越大。

（二）事业危机

由于自闭症谱系障碍儿童存在语言障碍、社会交往和不良行为等问题，需要他人照看和辅助康复，这些事务责无旁贷地落在自闭症谱系障碍儿童家庭成员的身上，在时间、精力和经济上势必影响家庭成员的事业。在事业方面，父亲和母亲存在显著差异，母亲往往会为孩子放弃工作，担负维持家庭秩序的责任，使自己有足够的时间和精力照顾孩子。而父亲或以工作来逃避面对子女的时间，或是为选择能最大限度满足康复和生活需要的工作，

---

① Adam M. H, Sandra L. Caron. Experiences of families with children with autism in rural New England[J]. Focus on Autism & Other Developmental Disabilities,2005,20(3):180-189.
② Gray D. E. Gender and coping the parents of Children with high Functioning autism[J]. Social Science & Medicine,2003,56:631-642.
③ 周念丽.自闭症谱系障碍儿童的发展与教育[M].北京:北京大学出版社,2013:158.

以维持不菲的经济支出,放弃发展空间较大或自己喜欢的事业,使家庭成员各自出现不同程度的事业危机,这种事业危机基本上长期潜伏在自闭症谱系障碍儿童家庭中。

（三）经济危机

在自闭症谱系障碍儿童的家庭中,家长除了要承担孩子和家庭的照顾成本之外,为了孩子的身心发展和康复,还需支付不菲的发展成本。自闭症谱系障碍儿童的发展成本可分为医疗干预和教育成本两部分。大部分儿童家长面临着强大的经济压力,孩子的特殊培训费用较高,需要有专人进行看护,如果家庭就业渠道少,经济收入微薄,家庭财政往往会入不敷出,其家庭所要承担和支付的社会成本就会十分沉重,家长往往压力会很大。[1]

经济危机主要有以下原因：(1)家长被迫辞去工作使收入直线下降,由于自闭症谱系障碍儿童需要全天细致照顾,家长不得不辞去工作；(2)康复教育费用高,自闭症谱系障碍儿童的康复教育具有长期性、专业性,需要持续支出高额的康复费用,给普通家庭带来严重的经济压力；(3)政府资助不足,我国目前对自闭症儿童的重视程度远远低于欧美国家,自闭症谱系障碍儿童的救助虽已列入了国家救助计划中,但资助程度却还远远不够；(4)社会支持力量薄弱,社会公众因缺乏了解自闭症的渠道,也就没有资助自闭症谱系障碍儿童家庭的意识和行为,目前也没有建立有效地资助自闭症谱系障碍儿童家庭的渠道。[2]

（四）社交危机

格雷（Gray,2002）从自闭症的症状入手进行分析,发现孩子的行为问题是家庭面临的最困难的问题,自闭症儿童的问题行为不仅在家中干扰了父母处理家中日常事务,而且在外面会使父母遭受严重的社会化问题,并让父母也处于被社会拒绝之中。[3] 家庭成员迫于社会的压力和"自尊"的考虑,不

---

[1] 赵阳,耿楠楠,艾子群等.自闭症儿童家长负性心理及应对措施[J].现代交际,2014,7:3.

[2] 张可心,赵阳,邓伟等.自闭症儿童家长负性情绪的成因及干预方法综述[J].统计与管理,2014,9:108.

[3] David E. G. Ten years on:a longitudinal study of families of children with autism[J]. Journal of Intellectual & Developmental Disability,2002,3:215-222.

仅很少带孩子出门,甚至自己也减少社交和休闲活动,避免与他人接触,害怕亲友的标记和他人的指点,社交圈缩小,社会关系不佳。有些家长说到每次带孩子出去都会特别紧张,害怕孩子的尖叫吵闹引来异样的眼光,家长变得不自信、敏感,选择逃避,难以感受友情和亲情,缺乏社会整合感或缺乏团体归属感。[①] 有一对毕业于名校的郎才女貌的夫妇,就因为自己的孩子是一个自闭症谱系障碍儿童,觉得十分丢人,虽然孩子十分喜欢吃麦当劳的食品,但夫妇两人从来没把孩子带出去过,都是他们自己去麦当劳把食品买回来给孩子吃。[②] 这种自身的自责与社会舆论所带来的压力,使自闭症谱系障碍儿童的家长的心理承受更大的负担,也阻碍了家庭和儿童正常的社会交往。

第二节 自闭症谱系障碍家庭的压力与应对

危机的存在必然带来各方面的压力,自闭症谱系障碍并非像一般疾病短期存在,家庭携手度过短暂的难关就行,它需要不断地持续地干预和治疗。虽然目前很多家庭已经对自闭症谱系障碍无法治愈了然于心,但是许多内在与外在的压力,仍然是每个家庭正在亲身经历并且疲于应战的。

一、自闭症谱系障碍儿童家庭压力

自闭症谱系障碍儿童的出现往往会给整个家庭带来压力,但是这种压力在不同的家庭中或家庭阶段中所赋予的意义则不尽相同。压力会改变家庭的平衡状态,进而产生出新的家庭互动或家庭关系,甚至引发家庭成员生理或情绪的改变。

(一)压力的概念

压力是一个现代人耳熟能详的名词,被普遍应用于日常生活中,只要是个人所处的情境超乎其身心所能负荷时,都称之为压力。不同的研究者因

---

① 林云强,秦曼,张福娟.重庆市康复机构中自闭症儿童家长需求的研究[J].中国特殊教育,2007,12:51—57.
② 周念丽.自闭症谱系障碍儿童的发展与教育[M].北京:北京大学出版社,2013:157.

为研究取向的不同而对压力有不同的定义,大致分为刺激、反应、互动三种取向来定义压力[①],现分述如下。

1. 刺激取向的压力

此定义取向强调压力是困扰个人的外在刺激或情境。如果此压力是在个体的耐受度下,个体会适当地采取应变措施,一旦压力超出个体耐受力范围时,可能会造成个体生理或心理的伤害。霍尔默斯(Holemes)和瑞赫(Rahe)认为压力是生活事件带来生活改变而造成的,是一种需要再调适的刺激或情境,因而编制了一套《社会再适应量表》,以测量生活事件造成的压力。[②] 此观点偏重环境因素的探讨,认为压力是原因而不是结果,仅以事件代表压力,假定某些事件普遍具有压力,反而忽略了个人对事件的不同看法,即个人主观认知因素,将不足以代表个人实际感受到的压力。

2. 反应取向的压力

此定义取向强调压力是个人对事件的反应,着眼于受困扰的状态。当个体对环境中刺激产生适应性反应时,即称个体处于压力状态下。塞里(Selye)认为个体面临有害刺激时,其身体器官会出现抵抗这些刺激的反应,以便达到恢复正常状态的需求,这些反应称为"一般适应症候群"。但这个观点偏重整体性的反应,视压力为结果而不是原因,忽略了压力来源和个人认知因素。

3. 互动取向的压力

此定义取向强调压力是个体和环境互动所产生的不平衡结果,且受个体主观认知的影响,着眼于个人与环境间的特殊动态关系。拉萨斯(Lazarus)和福克曼(Folkman)[③]强调个人与压力环境互动中包含认知评估和应对两个主要的过程,指出外在刺激虽然能直接导致压力反应,但个人对外在刺激和其内外在资源的认知评估在解释刺激上扮演重要的地位。这个观点同时考虑到刺激和反应两个方面,并重视两者在交互作用时认知评估的重要

---

① 张春兴.现代心理学[M].上海:上海人民出版社,1994:551
② 许靖敏.发展迟缓儿童母职经验与体制的探讨:以女性主义观点分析[D].台湾大学社会学研究所社会学论文,2002:24
③ Folkman, S., & Lazarus, R. S.. Coping as a mediator of emotion[J]. Journal of Personality and Social Psychology, 1988, 54:446-475.

性,可以说是较为周全的观点,为目前较为广泛采用的取向。

在这里,我们讨论的压力主要是采取拉萨斯(Lazarus)和福克曼(Folkman)互动取向的压力定义,将压力定义为:经由个人认知评估,认为会造成身心失去平衡,并且会挑战个人适应能力的任何内在或外在刺激和事件,它可以是生理的、心理的或社会的。但是无论是何种压力,没有被视为本来就是不好的或好的,压力会成为问题,只有在达到某种程度,干扰了个人或其家庭成员而发生生理或情绪的症状,压力才会产生危机。

(二) 自闭症儿童谱系障碍儿童家庭压力现状

新生命的诞生和成长通常都是被家庭期待和赋予希望的,孩子的出生改变了家庭原有系统,使家庭进入一个新的阶段。虽然照顾幼儿的工作繁琐辛苦,但陪伴幼儿成长的历程却充满惊奇和喜悦,相形之下,压力也就随之而去了。但是,若在家人殷切地期盼中,慢慢发现孩子表现怪异,进步缓慢,对父母亲而言,不仅面临对孩子期望的失落,接踵而至的更是一连串未曾预期的自闭症儿童照顾工作,除了在自闭症儿童诊断和干预上的额外经济支出外,家庭为了照顾自闭症儿童常常需要投入额外的时间和心力,休息和休闲时间也因此被剥夺。

1. 国内自闭症谱系障碍儿童家庭压力研究

从目前国内有限的自闭症谱系障碍儿童家庭研究的文献来看,秦秀群[①]在其《孤独症儿童父母的亲职压力调查研究》中指出,自闭症儿童父母的亲职愁苦得分显著高于正常儿童父母。自闭症儿童在语言、社交和智力上落后于正常儿童,因此养育自闭症儿童必须付出更多的时间和精力,为此,许多父母不得不放弃较多的社会活动,甚至于放弃工作来照顾和教育子女。在亲子互动失调上,自闭症儿童父母的分数也高于正常儿童,这可能是因为父母在子女出世前都对他们寄予了美好的期望,一旦知道子女患有自闭症,都会产生深深的失望,而且大多数自闭症儿童缺乏目光对视、不懂得分享、不依恋父母,使父母体会不到子女正向的感情回馈,无法减轻压力。

---

① 秦秀群.孤独症儿童父母的亲职压力调查研究[J].中华护理杂志,2008,10:931-933.

在随后进行的对于母亲的亲职压力和相关因素的研究中,秦秀群[①]发现自闭症儿童母亲的亲职压力总分以及亲职愁苦、亲子互动失调、困难儿童这三个维度得分均显著高于正常儿童母亲,表明自闭症儿童母亲承受着较高水平的亲职压力。在影响亲职压力的相关因素的分析中,秦秀群发现儿童疾病严重程度、社会支持和家庭人均月收入这三个因素是影响自闭症儿童母亲的亲职压力的主要因素,其中儿童疾病严重程度是自闭症儿童母亲亲职压力的最大影响因素。

李宗华[②]在《康复教育中孤独症儿童家长的压力及其因应方式研究》中通过以机构中自闭症儿童照顾者(主要是家长)为调查对象,研究了他们在照顾过程中的压力,发现受访者的主要压力源集中在经济压力、家庭矛盾产生的压力、孩子教育上的精神压力以及自闭症标签带来的心理压力等。由于照顾自闭症儿童的需要,有些家长被迫辞去工作导致家庭收入减少,而康复教育费用居高不下,政府的资助微薄加上社会资助缺乏这四个方面共同形成了自闭症儿童家庭的经济压力。家庭矛盾形成的压力主要来自于对自闭症病因的归因引起的矛盾和压力,以及在自闭症儿童培训态度上的差异造成的矛盾和压力,和在照顾自闭症儿童上分工不清所带来的问题和压力。在精神压力上主要是自闭症儿童入学难,使得父母倍感无助,前途的迷茫也使得自闭症儿童家长忧心,还有就是有些自闭症儿童进步缓慢,父母看不到希望,只是在不断地经历挫败。而由自闭症标签产生的心理压力则是担心自己的孩子和家庭因自闭症这个标签而受到歧视。自闭症父母由于在自闭症儿童的照顾上投入大量的时间和精力,造成与社会的疏离,进而有被社会淘汰的心理压力,最后心理压力还来自于对自闭症儿童的长期照顾所带来的身体和心理上的疲劳。

2. 国外自闭症谱系障碍儿童家庭压力研究

国外在对自闭症谱系障碍儿童家庭压力的研究中发现,自闭症儿童母亲表现出较高水平的心理压力,这种压力和家庭提供的支持呈负相关,和儿

---

① 秦秀群.孤独症儿童母亲的亲职压力及相关因素研究[J].中国心理卫生杂志,2009,9:629-634.
② 李宗华.康复教育中孤独症儿童家长的压力及其因应方式研究—基于照顾照顾者视角[J].山东教育学院学报,2009,5:1-4.

童问题行为的水平呈正相关。也就是说,当家庭受到的支持越多,那么母亲的心理压力就越低。同样,当自闭症谱系障碍儿童的问题行为表现得越少,那么母亲的压力也会越少。格雷(Gray)[①]通过追踪研究发现,大多数父母在得知自己孩子患有自闭症后的八到十年间心理状态会有积极的调整,但是若孩子患有严重的行为问题,则这种调整表现得极为不明显,或仍然遭受着巨大的压力。

夏普利(Sharpley)[②]通过调查总结了自闭症儿童父母主要的压力来源包括:(1)孩子缺乏进步;(2)家人和社会不能接受孩子的问题行为;(3)支持的缺乏。后来的研究者又加上了:(4)经济负担,包括对家长职业或收入的负面影响;(5)父母对孩子未来的担忧,特别是当自闭症儿童成人之后的一系列问题;(6)自闭症儿童的问题行为;(7)父母的心理特点,例如自我效能、控制点和应对策略。

由上可知,自闭症儿童的出现具有难以预测的突发性,且需要长期的照顾和满足不同阶段的需求,因此,带给整个家庭的压力是不可忽视的。特别是长期照顾自闭症谱系障碍儿童的家长,既要承受来自于个人心理上的低落情绪,也要接受来自其他家人的不理解和不支持,以及在养育孩子中所体验到的挫折和沮丧等。他们所承受的压力不只是单纯地来源于自闭症谱系障碍儿童,还来自于他们在于周围的环境互动过程中所感受到的排斥或无助,而且压力感受与多个方面的因素相关。

3. 自闭症谱系障碍儿童家庭压力来源

综合相关文献,我们发现自闭症谱系障碍儿童家庭的压力主要来自以下几个层面。

---

① Gray, D. E.. Ten years on: A longitudinal study of families of children with autism[J]. Journal of Intellectual and Developmental Disability, 2002, 27: 215-222.

② Sharpley, C. F. Bitsika. V., & Efremidis, B.. Influence of gender, parental health, and perceived expertise of assistance upon stress, anxiety, and depression among parents of children with autism[J]. Journal of Intellectual and Developmental Disability, 1997, 22: 19-28.

（1）家庭内部

自闭症谱系障碍儿童方面：这种压力程度受儿童障碍程度所影响。自闭症谱系障碍的孩子往往普遍存在着人际互动、语言沟通以及刻板行为等问题，常常还伴随有智力障碍、多动和癫痫等问题。在遇到特定情境时，自闭症谱系障碍儿童往往会出现一些极端行为，如打头、不停止地跑动、尖叫等，一方面自闭症家长常常无法理解其行为，另一方面这种行为又会给家长带来多种困扰。当儿童成长到青春期，则又会遇到更多难以解决的问题，家长又会开始担心孩子是否出现一些过激行为，而对于这些问题的无力应对，更增添了家长的挫败感。

夫妻婚姻方面：特殊儿童父母的婚姻关系，大致可以区分为两种，一种是父母因子女出现障碍，而互相责怪对方，如怀疑是否基因出了问题，或怀疑对方教养不得法，而增加了婚姻的紧张感，导致婚姻不和谐而破裂；另一种是父母因为孩子的问题出现，互相携手共渡难关，彼此成为依靠，关系进一步加深。如深圳市自闭症研究会在对华南地区自闭症家长进行调查时发现"有家长表示，并不能接受，家庭不睦，几乎家庭离散，恐惧失望，觉得没尊严，想寻短见"等。[1]

（2）家庭外部

社会互动方面：自闭症谱系障碍儿童的家长往往会因为照顾子女而放弃一些社交活动，牺牲原有的社交形态。再加上自闭症谱系障碍儿童往往会在公共场合出现非预期的行为问题，导致家长会产生尴尬、困窘、羞耻的感受，进而使社交更显退缩。

家庭经济方面：自闭症谱系障碍儿童往往需要接受长期的教育康复，一旦附近缺乏合适的康复机构，家长甚至会带着孩子四处求教，往往造成家庭经济严重的负担。而一旦家庭无力继续承担高额的康复费用，则只有将孩子带回，进行家庭康复。

工作形态方面：自闭症谱系障碍儿童家长往往需要花费较长时间陪伴

---

[1] 深圳市自闭症研究会.中国自闭症人士服务现状调查研究—华南地区[M].北京：华夏出版社，2013：61.

在儿童身边,因此可能会面临着辞职或换工作的处境,特别是母亲,往往承担了主要照顾者的职责。一旦孩子被确诊为自闭症谱系障碍,往往就会主动或被动地减少工作甚至是不工作,来全身心投入孩子的康复教育中。如中国精神残疾人及亲友协会在2013年进行的全国自闭家庭需求调查报告中发现自闭症谱系障碍儿童的主要照顾者是母亲,约占76.3%。并且参与调查中有52.4%的家庭有一人放弃工作专门照看自闭症孩子,其中母亲放弃工作的占90.2%。[①]

家庭资源方面:自闭症谱系障碍儿童的成长需要涉及大量的外在支持和资源,家庭作为一个社会小小的独立个体,在争取这些资源时往往存在着很大的压力,无形中也加剧了家庭的负担。

二、自闭症谱系障碍儿童家庭压力的应对

现有的家庭压力研究从过去的关注压力本身到转向压力应对的过程,研究者更关注于解释为何有些家庭面对压力事件时应对能力较其他家庭好,而不仅仅注意压力事件发生的频率与严重性。研究重点的改变,代表着相关家庭支持与服务已由过去的事后危机处理转变到事前的危机预防了。[②]

(一)应对的概念

拉萨斯(Lazarus)和福克曼(Folkman)[③]定义应对是针对个人评估内外在刺激的需求后,为了改变或适应压力,所做的行为、情绪或认知的努力,以克服、减轻或忍受可能耗损个人资源的内外在需求。从这个定义中可知,应对具有三项特征:一为过程取向,亦即是个体针对特殊压力情境而采取不同的应对策略;二为有情境脉络的,强调应对是人与环境交互作用的结果,也就是说受到个人对内外在刺激需求的评估和资源的影响;三为应对本身并没有好坏的先决假设,只是个人回应需求的努力。因此,应对具有调节情绪和处理问题的功能,目的在减轻因压力所带来的负向情绪。

---

① 中国精神残疾人及亲友协会.中国孤独症家庭需求蓝皮书[M].北京:华夏出版社,2014:19.
② Patrick C. Mckenry.家庭压力[M].郑维瑄等译.台北:五南图书出版公司,2004:12.
③ Folkman,S.,&Lazarus,R.S.. Coping as a mediator of emotion[J]. Journal of Personality and Social Psychology,1988,54:3.

不同的学者将应对策略分成不同的类别。珀尔林(Pearlin)和斯库勒(Schooler)[1]将应对策略分为:(1)改变个人对问题的看法,控制负向情绪情感的反应,如寻找正面的意义、选择性忽略负面的看法;(2)调整或处理问题所引起的情绪反应在可控制的范围,如情绪发泄、转移问题中心、相信时间能解决问题;(3)直接改善压力情境,如寻求建议。拉萨斯(Lazarus)和福克曼(Folkman)[2]根据应对的功能分类为:(1)问题取向的应对,以处理问题本身为主,直接采取行动,以排除或减轻威胁的情境,改变人与环境间的关系;(2)情绪取向的应对,处理情绪为主,减轻或调整压力带来的情绪困扰,使个人能在压力情境下感到舒服。克拉克(Clarke)[3]将应对行为分为:(1)直接应对,即直接行动以解决问题;(2)间接应对,改变惯用方法,增强自己的能力、改变对压力事件的期望;(3)姑息的应对,逃避、暂时脱离压力情境;(4)利用心理防卫机制。拉萨斯(Lazarus)和福克曼(Folkman)[4]发展的应对检测量表包括下列三大类八种应对行为。(1)问题取向:面对问题、寻求社会支持、有计划解决问题;(2)情绪取向:自我控制、疏远、逃避;(3)混合取向:接受责任、正向再评价。整体而言,虽然不同研究者根据不同的重点对应对做分类,但大致仍然可以包含情绪取向和问题取向两大层面的应对功能。

其实,压力的应对在压力事件和个人身体状况、社会心理适应之间具有调节的功能。影响压力应对的因素有三个方面,一是个人内在因素,指年龄、人格特质、健康状况和体力、信念价值(特别是正向的信念);二为环境因素,指重要他人、支持网络、实质的资源;三为压力情境的特性,影响个人评估压力的威胁程度,如以前是否经历过、压力源的不确定性、事件急迫性、持

---

[1] Pearlin, L. L. , & Schooler, C. . The structure of coping[J]. Journal of Health and Social Behavior,1978,19:20-21.

[2] Folkman, S. , Lazarus, R. S. , Dunkel-Schetter, C. , Delongis, A. , &Gruen, R. J. Dynamics of a stressful encounter:Cognitive appraisal, coping, and encounter outcomes[J]. Journal of Personality and Social Psychology,1986,50:5.

[3] 许靖敏.发展迟缓儿童母职经验与体制的探讨:以女性主义观点分析[D].台湾大学社会学研究所社会学论文,2002:18.

[4] Folkman, S. , Lazarus, R. S. , Dunkel-Schetter, C. , Delongis, A. , &Gruen, R. J. Dynamics of a stressful encounter:Cognitive appraisal, coping, and encounter outcomes[J]. Journal of Personality and Social Psychology,1986,50:5.

续时间等。根据拉萨斯(Lazarus)和福克曼(Folkman)[①]的说法，人们面临压力情境时有98%的人会同时使用情绪和问题取向两种应对行为，而贾奇(Judge)回顾文献，发现情绪取向的应对与沮丧情绪有正向相关，而问题解决取向则能减低沮丧，人们通常倾向以问题取向的方式来应对他们认为可以改变的情境，以情绪取向的方式来应对他们认为难以改变的情境。[②] 应对可能产生适应和适应不良的情形，因此如果个人应对行为比较有弹性并且符合情境需求时，才能产生较好的适应情况。

(二) 自闭症谱系障碍儿童家庭压力的应对现状

自闭症儿童的发展引发了许多特殊的照顾需求，使得自闭症儿童家庭较普通儿童家庭经受更多的压力。在应对这些压力的过程中，格雷(Gray)[③]通过追踪研究发现自闭症儿童家长随着时间的推移，在应对压力的策略上发生了转变。一开始是以问题解决为中心的策略，到后来慢慢演变成情绪取向的应对策略，以宗教信念或其他情绪策略来调适他们认为已经不会再发生变化的情境。

特渥依(Twoy)等人[④]认为自闭症儿童的父母要成功的应对压力必须同时具备来自于家庭内部的调整和家庭外部的支持。也有研究者发现大部分自闭症儿童家庭也表现出一定的心理弹性，即变得更为紧密和强大。巴亚特(Bayat)[⑤]总结了自闭症儿童家庭所呈现出来的四种心理弹性：(1)汇集资源并取得联系；(2)走出逆境；(3)变得强大并富有同情心；(4)持有坚定的精神体验和信念。不幸的是，并不是所有的家庭都能够很好地以积极的心态

---

① Folkman, S., & Lazarus, R. S.. Coping as a mediator of emotion[J]. Journal of Personality and Social Psychology, 1988, 54: 446-475.

② Folkman, S., Lazarus, R. S., Dunkel-Schetter, C., Delongis, A., & Gruen, R. J. Dynamics of a stressful encounter: Cognitive appraisal, coping, and encounter outcomes[J]. Journal of Personality and Social Psychology, 1986, 50: 992-1003.

③ Gray, D. E.. Coping over time: The parents of children with autism[J]. Journal of Intellectual Disability Research, 2006, 50: 970-976.

④ Twoy, R., Connolly, P. M., & Novak, J. M.. Coping strategies used by parents of children with autism[J]. Journal of the American Academy of Nurse Practitioners, 2007, 19: 251-260.

⑤ Bayat, M.. Evidence of resilience in families of children with autism[J]. Journal of Intellectual Disability Research, 2007, 51: 702-714.

去面对。哈斯汀斯（Hastings）等人①发现一些自闭症儿童的父母在应对压力的时候往往采取逃避的策略，这些父母往往伴随着严重的压力和更多的心理问题。塔瑞克肖恩（Tarakeshwar）②等人发现自闭症儿童家长使用消极的策略，例如被动等待上帝的救赎，来减轻压力反而造成更坏的结果，变得更为焦虑。同样的，邓恩（Dunn）③发现父母使用逃避策略，例如故意无视或试图忽视儿童的问题、吸毒、期待奇迹，往往会经受更严重的沮丧、隔离和婚姻压力。

另有文献表明，父母和家庭若使用灵活的积极的应对策略不仅可以减轻压力，更能够增强家庭的凝聚力。哈斯汀斯（Hastings）等人④研究发现积极的规划能够帮助父母和家庭尽快地对儿童的问题进行调整和适应，在这种方法之下，父母的沮丧处于较低水平。琼斯（Jones）⑤等人也认为父母使用积极的应对策略能够在养育过程中获得更多的收获和满足，对自闭症儿童的将来也表现出较少的担心。

国内的研究发现⑥，凡是对未来预期"会不断好转，会有改观"持肯定态度的父母，往往采取积极的态度，建立合理的期望，积极支持和辅助儿童的康复训练，培养并实践健康放松技巧舒缓自己的身心紧张，同时不断调整对孩子的期望和现有的生活模式。但是研究者在研究报告中也强调这些对压力赋予正向定义的自闭症儿童家长在所有受访者中所占的比例不到1/3。而那些持消极认同的自闭症儿童家长则因为经济问题不堪重负，在坚持干

---

① Hastings,R. P. ,et al.. Coping strategies in mothers and fathers of preschool and school-age children with autism[J]. Autism,2005,9:377-391.

② Tarakeshwar,N. ,& Pargament,K. I.. Religious coping in families of children with autism[J]. Focus on Autism and Other Developmental Disabilities,2001,16:247-260.

③ Dunn,M. E. ,Burbine,T. ,Bowers,C. A. ,& Tantleff-Dunn, S.. Moderators of stress in parents of children with autism[J]. Community Mental Health Journal,2001,37:39-52.

④ Hastings,R. P. ,et al.. Coping strategies in mothers and fathers of preschool and school-age children with autism[J]. Autism,2005,9:377-391.

⑤ Jones,J. ,& Passey,J.. Family adaptation,coping and resources:Parents of Children with developmental disabilities and behavior problems[J]. Journal on Developmental disabilities and behavior problems,2004,11:31-46.

⑥ 李宗华.康复教育中孤独症儿童家长的压力及其因应方式研究—基于照顾照顾者视角[J]. 山东教育学院学报,2009,5:1-4.

预了一段时间之后,被迫或打算放弃治疗,而有的照顾者面对长期枯燥,收效甚微的训练,采取的压力应对方式则是常常发脾气,甚至教训、打骂孩子,这些压力的应对都不利于自闭症儿童的康复,也不利于儿童和家长心理的健康发展。

在自闭症儿童父母和家庭的应对过程中,支持起着重要的作用。国外研究发现,社会和情感支持能够有效降低父母的压力和提升他们的生活品质。[1] 邓恩(Dunn)[2]等人认为社会支持能够减轻自闭症儿童母亲的压力、沮丧和焦虑,并且能够提升父母的生活满意度。而生活满意度的提高则有赖于婚姻内的支持系统和整个对家庭积极调适的良好影响。

临时照顾作为另一个支持对自闭症儿童父母和家庭来说也能带来积极的效果。陈(Chan)和西佳福斯(Sigafoos)[3]研究发现相对于不使用临时照顾的家庭,那些使用临时照顾父母的家庭能够在一定程度上缓解压力并且能够更好的应对孩子的障碍。马林斯(Mullins)[4]等人考察了短期(3到7天)临时照顾的效果,发现接受临时照顾的父母表现出较少的焦虑和较低水平的压力。桑德斯(Sanders)[5]等人发现自闭症儿童父母拥有较高的压力,正是因为他们存在较多的家庭问题,需要更多的时间去处理自闭症儿童的各种问题,而缺乏自己娱乐和休闲的时间。因此使用临时照顾起码能够帮助父母获得喘息的机会,能够帮助他们减轻压力和促进他们个人的发展。

专业的支持也是自闭症父母和家庭需要的重要支持。威特克(Whitak-

---

[1] Meadan,H.,Halle,J. W.,& Ebata,A. T.. Families with children who have autism spectrum disorders:stress and support[J]. Exceptional Children,2010,1:7-36.

[2] Dunn,M. E.,Burbine,T.,Bowers,C. A.,& Tantleff-Dunn,S.. Moderators of stress in parents of children with autism[J]. Community Mental Health Journal,2001,37:39-52.

[3] Chan,J. B.,& Sigafoos,J.. Does respite care reduce parental stress in families with developmentally disabled children?[J]. Child & Youth Care Forum,2001,30:253-263.

[4] Mullins,L. L.,et al.. The influence of respite care on psychological distress in parents of children with developmental disabilities:A longitudinal study[J]. Children's Services:Social Policy,Research,and Practice,2002,5:123-138.

[5] Sanders,J. L.,& Morgan,S. B.. Family stress and adjustment as perceived by parents of children with autism or Down Syndrome:Implications for intervention[J]. Child and Family Behavior Therapy,1997,19:15-32.

er)[1]发现自闭症父母对于专业支持的需要极为迫切,包括帮助他们了解自闭症的知识以及他们孩子的特殊需要。曼德尔(Mandell)[2]等人考察了为自闭症儿童父母专设的支持团队的效果,发现这些团队能够帮助自闭症儿童父母获得与其他同处境父母交流的机会,减少他们的孤立感和压力,能够帮助他们获取更多有效和丰富的信息。另外家长的专业化培训也能够帮助他们降低焦虑和减轻压力。布鲁克曼(Brookman)[3]强调家长和专业人士的有效合作能够为儿童达到目标行为和家庭的生活质量带来积极的影响。

国内的研究表明[4],自闭症儿童父母在客观支持、主观支持和支持总分上都明显低于正常儿童父母。在得到的经济支持上最多是来自配偶,其次是其他家人和朋友,曾经得到的安慰和关心也大多数来自配偶,其次是朋友和其他家人。而得到支持最少的都是党团工会和社会团体等官方或非官方组织。而高飞[5]在对河北省99个自闭症儿童家庭的调查中发现对自闭症家庭实施特殊照顾的社区仅占总样本的12%。99名儿童中仅有2人享受了所在社区给予的优惠政策(就医优惠政策),其余均无任何优惠政策,另有10人曾零星地获得社区提供的帮助与便利。相对社区来说,学校的态度更为积极,做法也更为主动,但仍然有25%的儿童被拒绝和排斥于普通学校之外。黄辛隐[6]在调查了71例自闭症儿童的家庭需求及发展支持后发现,家庭在经济上的支持主要是希望增加儿童补贴,日常生活支持主要是希望能够提供日常看护及家庭服务,而对医院和机构的要求则是告诉父母能为孩子做什么,以及增加可以接纳特殊儿童的机构。在总的支持需求中,对孩子

---

[1] Whitaker,P.. Supporting families of preschool children with autism:What parents want and what helps[J]. Autism,2002,6:411-426.
[2] Mandell,D. S. ,& Salzer, M. S.. Who joins support groups among parents of children with autism? [J]. Autism,2007,11:111-122.
[3] Brookman-Frazee,L.. Using parent/clinician partnerships in parent education programs for children with autism[J]. Journal of positive behavior interventions,2004,6:195-213.
[4] 秦秀群.孤独症儿童父母的社会支持调查研究[J].护理研究,2009,7:1725-1726.
[5] 高飞.自闭症儿童家庭的社会支持现状研究——河北省99个自闭症儿童家庭的调查[J].教育导刊·幼儿教育,2008,4:24-26.
[6] 黄辛隐.71例自闭症儿童的家庭需求及发展支持调查[J].中国特殊教育,2009,11:43-47.

的发展性支持占到了首位,其次是对学习的支持以及增加特殊教育人员的期望。

从上述研究结果可以看出尽管照顾特殊儿童所带来的压力很大,身处不同地域掌握不同资讯与资源的父母,也呈现不同的压力,但家庭在其所互动的生态脉络下,个人、家庭和社会资源的整合,都会影响到家庭应对的结果,家庭可能因此发展出新的力量和优势,变得更为整合、亲近、坚强和有力量。

第三节 自闭症谱系障碍儿童家庭的需求与支持

在现行制度下,自闭症谱系障碍儿童主要的生存空间仍然是其所在家庭,因此,家庭的和谐发展对于自闭症谱系障碍儿童的健康成长有着至关重要的作用。所以,了解家庭的需求,探讨家庭支持的意义就显得尤为重要。

一、自闭症谱系障碍儿童家庭的需求

自闭症谱系障碍儿童家庭的特殊性,不仅表现在家庭危机、家庭压力和应对上,更多的表现在家庭需求上。自闭症谱系障碍儿童的出生,总是会给家庭带来很大的影响。而根据家庭系统理论的观点,家庭任何一成员的状况都会影响其他成员,因此家庭需要不断调适和发展自身以应对各种不同情况,在此过程中必然产生各种不同需求。

(一)自闭症谱系障碍儿童家庭需求研究现状

林云强等通过研究发现,自闭症谱系障碍儿童家长在家庭教育过程中需求众多且极为迫切;家长在育儿方面的专业支持需求很高,迫切需要得到康复机构及老师的帮助;家庭教育中最大的苦恼来源于对自闭症儿童将来生存问题的忧虑,需要得到社会团体、政府部门、专业人士等多方面的支持与帮助。①

黄辛隐在对71名自闭症儿童家长进行调查的过程中发现:超过一半的自闭症儿童家庭存在经济困难,需要经济的支持;家长在教育上主要担心经济问题和孩子的康复问题;在照料中家长最担心的是孩子与他人交往问题,以及是否能找到适合孩子的结构和专家;家长最需要的是孩子的发展性支持、接受学校教育的支持和增加特殊教育人员。②

王玮将自闭症谱系障碍儿童的家长需要分为心理与情绪的需要、教育干预的需要、社会资源与服务的需要,通过调查发现家长需求强度最高的是社会资源与服务的需要,需求强度最低的是心理与情绪的需要。心理与情绪的需要中,需要程度最高的是如何接纳自闭症儿童得分最高,需求程度最低的是如何培养良好的亲子关系;教育干预的需要中,需要程度最高的是如何处理孩子未来老年的问题,需求程度最低的是如何管理时间的技巧;社会资源与服务的需要中,需要程度最高的是知道如何申请应享受的权利得分最高,需要程度最低的是如何与专业人员沟通合作的技巧得分最低。③

倪赤丹等人通过对120个自闭症家庭的需求分析,发现当前自闭症家庭主要有心理与情绪需求、社会资源需求、知识与信息需求,而心理与情绪需求是当前最迫切的需求,如"社会大众对自闭症者的理解和接纳"、"如何面对社会中异样的眼光"、"如何处理自己的负面情绪"等心理与情绪需求较为迫切。④

中国精神残疾人及亲友协会于2013年进行了全国范围的大规模自闭症家长需求的调查,一共有3581位家长参与了此次调查。调查结果显示家长需求主要集中在十一个方面,需求由强至弱依次为:社会和社区支持需

---

① 林云强等.重庆市康复机构中自闭症儿童家长需求的研究[J].中国特殊教育,2007,12:51-57.
② 黄辛隐.71例自闭症儿童的家庭需求及发展支持调查[J].中国特殊教育,2009,11:46.
③ 王玮.自闭症谱系障碍儿童家长心理健康—需求与社会支持的调查研究[D].华东师范大学硕士学位论文,2011:7.
④ 倪赤丹.自闭症家庭的需求与社会工作介入—来自深圳120个自闭症家庭的报告[J].广东工业大学学报(社会科学版),2012,09:38.

求、孩子社会保障需求、孩子康复教育需求、心理支持需求、专业培训和获取资讯需求、孩子职业康复及就业需求、家庭维权需求、孩子托养安置需求、家长社交生活需求、家庭特殊支持需求、家庭财产信托需求等。其中家长反映的特殊需求主要有：专业人员入户指导；喘息日服务；希望政府发放养护费用补贴；孩子在就医和医学检查时，需要有专业支持性服务；在应对突发事件时，希望有专业的指导与支持；家长在休闲、学习、保健时的社会支持保障和财产信托服务。整体来说，大龄孩子家长需求的社会服务较为薄弱。[①]

（二）自闭症谱系障碍儿童家庭需求内容

综合以上对于自闭症谱系障碍儿童家庭需求的研究，我们可以将其家庭需求归纳为以下几个向度。

专业的需求：包括对家庭成员照料自闭症谱系障碍儿童的指导、进行儿童发展评估、制定家庭康复方案和融合教育方案等，以及对家庭成员教养技能等相关内容的培训和提高。

资源的需求：包括有关自闭症谱系障碍儿童知识普及、教养技巧的宣传、申请福利以及融合学校等相关讯息，以及自闭症谱系障碍儿童未来生活规划的相关信息。

服务的需求：包括喘息日服务与志愿服务等社区服务，进行康复教育的相关医疗单位，社会工作者的介入，适当的工作机会提供等。

经济的需求：包括自闭症谱系障碍儿童康复费用补贴，医疗器材补助以及交通费用补助等相关经济援助。

精神的需求：家人与亲友的支持与理解、社会大众对自闭症谱系障碍儿童的正确看法与接纳、心理情绪困扰的处理、向他人解释的需求、家庭休闲娱乐的需求、自尊寻求以及自我实现的需求等。

二、自闭症谱系障碍儿童家庭的支持

自有人类社会，人们之间的相互支持就已经存在。支持作为一个普通

---

① 中国精神残疾人及亲友协会.中国孤独症家庭需求蓝皮书[M].华夏出版社,2014:75-76.

概念对人们来说并不陌生。特殊儿童家庭经历着种种的困难和不顺,其需求和压力较之于普通家庭更强和更大,为他们提供支持不仅是确保特殊儿童家庭良性发展的基础,更是实现家庭内部良好互动的必要条件。

(一)从支持儿童到支持家庭的政策

保护儿童权益及满足其发展需要被大多数国家认为是政府和社会的责任。而目前被公认为最有效、最有操作性的办法仍然是支持家庭,帮助家庭改善关系,保证家庭的稳定性,避免婚姻破裂[1],确保家庭功能的充分发展。而家庭功能的充分发展,不仅能提供儿童最基本需求的满足,也对儿童未来的发展起着重要的影响作用。所以儿童权益或儿童福利政策应该考虑到儿童利益和家庭利益兼顾的原则,从支持儿童更多地转向支持家庭。西方福利国家"支持家庭"政策方面主要包括以下三个部分。[2]

其一,经济支持,即家庭津贴或给付体系,涵盖多种与子女有关的所得转移政策,诸如,家庭薪资报酬不足以维持生计的现金给付,如家庭津贴,子女津贴,租税给付,房屋津贴等;子女相关风险丧失所得而需要补充的给付,如子女抚养费、单亲母亲特定给付;分娩或怀孕期间所减少的薪资,诸如生育津贴或亲职给付;特定亲职责任给付,如育儿及特定亲职给付。

其二,亲职福利,即与亲职角色相关的工作福利制度,主要包括:亲职时间,即让双亲在子女需要时,能有时间照顾子女,比如:产假、哺乳假、育婴假;亲职保护,即给予双亲实现亲职角色的特殊工作保护,比如,孕期工作保护等。

其三,对子女或家庭的配套服务,例如,托育服务,即设立托幼机构,为家庭提供照料、托管婴幼儿的服务;保健服务,设立相关保健机构,为家庭提供必要的母婴保健服务,如婚检、孕产期保健以及计划免疫都能;社区服务,即以社区为平台,对家庭提供早期保育、教育、健康等综合服务。

这些"支持家庭"政策不仅仅用来支持普通儿童家庭,更有"特定式"政策来支持特殊儿童家庭,以满足特殊儿童家庭发展的需求。徐浙宁在研究

---

[1] 吕青,赵向红.家庭政策[M].北京:社会科学文献出版社,2012:62.
[2] 徐浙宁.我国关于儿童早期发展的家庭政策(1980—2008)[J].青年研究,2009,4:51.

儿童早期发展的家庭政策发现,西方福利国家的"支持家庭"政策基本呈现"金字塔"结构,涵盖了适用于所有家庭的"普惠式"政策,也包含了适用于单亲、低收入、有残疾或重病儿童、学习困难儿童、心理行为异常儿童等特殊需要家庭的"特定式"政策和适用于家庭暴力、遗弃或因战争、自然灾害陷入困境的高危、高风险家庭的"保护式"政策,如图 2-1 所示。

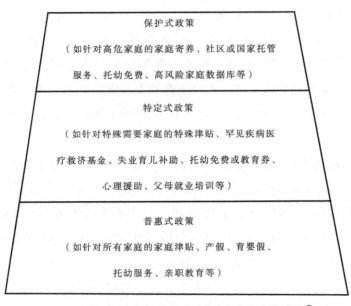

图 2-1　西方福利国家"支持家庭"政策的金字塔结构[①]

对比国内的现状,我们可以看到在针对特殊儿童家庭的支持上,既缺乏普惠式的政策更缺乏特定式政策。特殊儿童家庭往往需要凭借一己之力,与天斗与人斗来获得发展的机会。相应的除去教育和医疗服务之外,针对特殊儿童及其家庭设计的特殊类型的服务,在中国也比较少见。而在澳大利亚,这类服务则可能包括:住房及住房无障碍改造服务、照料者津贴和照料者假期、社区支持、社区无障碍服务、社区信息服务、替代性交流服务等[②]。

[①] 徐浙宁.我国关于儿童早期发展的家庭政策(1980—2008)[J].青年研究,2009,4:51.
[②] 尚晓援.中国残疾儿童家庭经验研究[M].北京:社会科学文献出版社,2013:25.

（二）家庭支持的理论基础

家庭是社会最基本的组成单位，也是最基本的组织。在人类成长的过程中，家庭提供了最基础的成长环境及社会文化环境。每个人从出生后就依附着家庭成长，需要家庭行使生理、心理、社会功能，帮助其学习和成长，对健康儿童是如此，对特殊儿童更是如此。因此，在考虑改善特殊儿童功能，促进特殊儿童实现更好融合的过程中，家庭是最重要的中介要素。

布朗芬布伦纳（Bronfenbrenner）于1979年提出生态系统理论，认为发展是人与环境相互影响的复合函数，并提出了函数公式即$D=f(PE)$。其中D代表发展（Development），P代表人（People），E代表环境（Environment）。他认为人就是在这样一种相互作用、相互关联的生态系统中不断发展起来的。他将环境系统划分为微观系统、中间系统、外层系统、宏观系统和时间维度等五个部分：微观系统是指个体活动和交往直接接触的环境；中间系统是各微观系统之间的联系或相互关系；外层系统是指那些个体并未直接参与其中或并未直接接触，但却实实在在地对个体产生影响的环境以及这些环境之间的联系与相互作用的复杂关系；宏观系统是指个体所处的整个社会的政治、经济、文化、亚文化、组织机构和社会环境；时间维度也称为历时系统是指个体生活的环境及相应的心理特征随时间推进而产生的变化性及相对的恒定性。[①]也就是说，个体的发展并不是孤立进行的，而是在与家庭、学校、社区和社会的相关关系和影响中发展的，如图2-2所示。

而自闭症儿童的生态系统在目前的发展形势下则必须要突出强调家庭这一要素。家庭作为儿童与外界的中介，围绕儿童成长的特殊需要，协助儿童不断去构建有利于儿童发展的立体化社会生态系统，因此一定意义上说，支持家庭能更有效地发挥家庭功能，以进一步支持儿童，对于特殊儿童来说更应该如此，家庭和儿童都应该成为儿童生态发展的核心要素。

[①] 刘杰，孟会敏.关于布郎芬布伦纳发展心理学生态系统理论[J].中国健康心理学杂志，2009（2）：250-252.

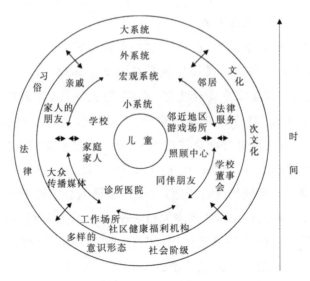

图 2-2　布朗芬布伦纳的儿童发展生态学模型①

家庭的支持,即支持家庭的存在,使之正常履行家庭的内外功能,并有效地支持儿童以及协助儿童应对周围世界。因此我们在这里谈到的家庭支持,既包括家庭的内部支持系统,也包括家庭的外部支持系统。家庭内部支持系统是由家庭结构诸要素相互作用而产生的一种自我调控系统,具有支持、维护家庭存在,适应外部环境变动和内部冲突因素的冲击,保持自身稳定并发挥其应有作用的功能。② 在这些要素中,家庭成员之间的情感联系和互动纽带则是家庭内部支持系统得以发挥作用的重要条件,如夫妻关系、亲子关系等。而家庭外部系统则是社会为家庭稳定并使之正常发挥作用而提供的各种保障条件的综合。家庭是一个生态系统,也是一个生活支持系统,是涵盖自然环境维持生理的存在需要,以及依赖社会环境以追求更好的品质和意义。现代的家庭多属于核心家庭,早已不同于以往的大家庭生活在一起,彼此有互相的照顾与支持的系统。因此,更需要向外寻求社会机构团体的支持与资源的协助。当然相同的,在家庭中,其家庭成员也更需要彼此提供协助和情感上的支持来维持关系的紧密。

---

①　熊絮茸,孙玉梅.自闭症儿童社会生态系统初探[J].中国特殊教育,2014,7:38.
②　宣兆凯.家庭教育研究的理论方法模型—家庭支持系统[J].教育研究,1999,11:63.

家庭支持的另一个理论来源是美国的个别化家庭服务计划。以特殊儿童家庭为中心的服务模式起源于美国 1986 年的 99-457 公法,要求提供儿童的个别化家庭服务计划(Individualized Family Service Plan,IFSP)。在该公法中,针对特殊儿童的介入方案从以儿童为主要服务对象转变成以家庭为主要服务对象。即在针对特殊儿童的支持中,需要以家庭为中心,并重视家庭优势和家庭选择。[1] 家庭优势说明了提供特殊康复服务的相关专业,需要考虑到家庭独特能力、才华、机会、视野、价值观以及期待形成的优势,其能支持家庭度过艰难时刻。家庭选择则强调家庭有自我决定的权利,包括在个别化服务计划中参与目标制定及介入方法的讨论,并有权选择自己的育儿方式与文化价值观。特别是对于自闭症儿童家庭,家庭与自闭症儿童之间的互动关系是相互影响的,不仅是自闭症谱系障碍儿童对于家庭产生影响,相对的,家庭也会对自闭症谱系障碍儿童的发展造成影响。因此,自闭症谱系障碍儿童家庭的特殊性,也产生了其家庭支持系统构建的特殊性。

(三)家庭支持系统的效用

家庭、学校、社区和社会是一个大的社会系统,其有效紧密地结合为家庭或儿童提供社会支持,是提升自闭症儿童康复和自闭症儿童家庭功能的重要手段。社会支持是二十世纪七十年代兴起的有关社会网络研究的新领域,最初研究的焦点是社会支持网络与个人健康状况的关系,力图证实社会支持对于维护个体健康,帮助个人面对和解决压力与心理紧张具有重要作用。卡特罗纳等人认为社会支持有主要包括以下五个方面的作用:情感性支持。个体从他人身上获得关爱、了解及同情,从而感受到鼓励与安慰。友伴支持,使个体对团体感觉有隶属感,并能与团体成员共同参与活动。尊重支持,个体经由他人的协助,感受自己是有能力且被尊重的。信息性支持,个体能从他人那里得到意见、建议与信息。实质性支持,个体由他人获得直接的帮助,包含金钱、时间、物质等。[2]

---

[1] Turnbull AP, Turbiville V, Turnbull HR. Evolution of Family-Professional Partnerships: Collective Empowerment as the Model for the Early Twenty-First Century[M]. In: Shonkoff JP, Meisels SJ, eds. Handbook of Early Childhood Intervention. New York: Cambridge University Press; 2009:630-650.

[2] 刘玥. 孤独症儿童家庭的社会支持网络研究[D]. 兰州大学硕士学位论文,2014:6.

社会支持对于个体或家庭的作用存在着两种假设模型，一种是主效果模型(the main-effect model)和缓冲器模型。主效果模型认为，社会支持在于平时维持个体良好的情绪体验和身心状况，从而有益于心理健康。而缓冲器模型则认为，社会支持仅在应激条件下与个体身心健康发生联系，它缓冲压力事件对身心状况的消极影响，保持与提高个体的身心健康水平。[1] 科思认为，社会支持可能在压力事件与健康状况的关系链条的两个环节上发挥作用。首先，它将可能作用于压力事件与主观评价的中间环节上，如果个体收到一定的社会支持，那么他将低估压力情境的伤害性，通过提高感知到的自我防御能力，减少对压力事件严重性评价。其次，社会支持能够在压力的主观体验与疾病的获得之间，起到缓冲作用，社会支持可以提供问题解决的策略，降低问题的重要性从而减轻压力，如图 2-3 所示。

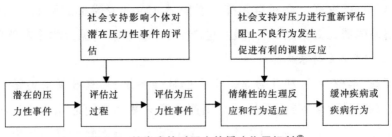

图 2-3　社会支持对压力的缓冲作用机制[2]

自闭症谱系障碍儿童不仅是儿童期最严重的情绪及行为障碍，同时也是发展性疾病中最复杂的。他们在语言、社会行为以及运动等方面发展迟缓或是不平衡，再加上语言的滞后、社会互动能力低下以及特异的行为模式等，都使得自闭症谱系障碍儿童家庭面临不小的压力，呈现出独特的困境和障碍。倘若家庭拥有足够的社会支持，那么自闭症谱系障碍这一压力事件对于家庭产生的影响相应会小得多，而家庭更容易寻找有利的调整和反应来应对。但现实情况是本应起到缓冲作用或保障作用的社会支持的缺位，使得家庭需要独自承担各种问题，压力无法得到释放，家庭必然面临更多的难题。

---

[1] 王大华.亲子支持对老年人主观幸福感的影响机制[J].心理学报,2004,36:78.
[2] 李铣.弱势群体社会支持系统研究[D].四川大学硕士学位论文,2004:12.

第三章　自闭症谱系障碍儿童主要照顾者生活经验研究

从国内外研究现状上可以发现,在研究内容上,国内外在对自闭症谱系障碍儿童的家庭研究过程中多处于微观的研究,研究压力的多少,研究压力的应对,缺乏宏观上的支持系统的构建。在研究方法上,多采用压力量表,社会支持量表以及自编的调查问卷对自闭症谱系障碍儿童家长或主要照顾者进行调查,并不能全面反映出自闭症谱系障碍儿童主要照顾者的生活经验本身以及其背后的真意。因此本章试图采用质的研究方法,以自闭症谱系障碍儿童的主要照顾者为研究对象,研究他们在照顾自闭症谱系障碍儿童过程中的养育经验和养育困境,企图理清他们的生存处境和社会脉络,以探寻自闭症谱系障碍儿童家庭支持系统的构建。

第一节　研究背景

自闭症谱系障碍作为近几年才被大家认识的障碍类型,并不像视障、听障、肢障等有明显较容易辨识的特征,使得自闭症儿童家庭尚沉浸在初为父母的喜悦中却不得不面对无情的诊断书。病因的不明确,使得多数父母陷入深深的自责和盲目的求医过程之中;资源的缺乏,使得大多数父母心理陷入又急又苦的状态,急的是找不出快速的方法来解决孩子的问题,苦的是有太多的问号,太多的"为什么"找不到答案。然而研究者在过去与自闭症儿童家长接触的过程中,常常能看到很多优秀的自闭症家长。她们在教育自己的子女过程中收获了独特的经验,并且乐于将自己的经验告诉那些还在困苦中挣扎的家长们,让他们获取一些正面的积极力量。

每当看到这样的案例,我都很迫切地想知道这些家庭的生活故事,他们是怎样克服家有自闭儿的冲击,而一步步走出泥潭的。也见过一些家长,长期的精神压力和体力损耗,夺走了脸上的笑容和眼睛里的神采,只是应付性地在行使着家长的职责。他们的生活故事,同样吸引着我想去探索,在养育自闭儿的过程中,是缺少了什么,使得他们深陷泥潭而不能自拔,我们能做些什么,让他们有机会去面对更加积极开阔的人生。因此,在本章中,我们重点了解自闭症谱系障碍儿童家庭的生活经验,分析其面临的困境和应对的方式,了解其家庭历程和家庭生态,为后续建立有效的支持系统奠定基础。

一、自闭症谱系障碍儿童主要照顾者的界定

国外研究证明,在承担自闭症儿童养育任务的分配上,母亲占据绝大部分的责任[1],母亲也几乎成为了整个家庭的代名词。在大多数对自闭症儿童父母的调查研究中,实际上仅仅是对母亲的调查。而自闭症儿童所谓的家庭照顾几乎完全可以说是母亲照顾。因此担任儿童主要照顾者的母亲成为此压力事件及恶劣环境下最直接的冲击者。

迪迈尔(DeMyer)提出,在家庭中,受自闭症儿童影响最大的通常为母亲,她们更容易有沮丧的症状;超过半数的夫妻认为彼此间感情受到影响,而约有1/4有过离婚的想法。[2] 国内情况更是如此。纵观网络上关于自闭症的报道,大多数是来自于母亲绝望的声音,一位自闭症母亲曾经在访问中这样说道:"人生最可怕的,莫过于看不到希望;莫过于拖累一个原本幸福的家庭;莫过于将来我们离开人世后,这些孩子无法预测的未来……我的眼泪早已流干,为了使这个家庭尽快结束那个始终看不到终点的噩梦,6年来,我抱着儿子打开煤气阀,在家里已经自杀过十数次。"[3] 一位自闭症母亲也曾经

---

[1] Meadan, H., Halle, J. W., & Ebata, A. T.. Families with children who have autism spectrum disorders:stress and support[J]. Exceptional Children,2010,1:7-36.

[2] 徐美莲.永不停止的拔河——一个自闭儿母亲形塑生命调适历程之故事叙说[D].屏东教育大学硕士论文,2003:23.

[3] 自闭症儿童:什么样的未来可以期待[EB/OL].

这样写道:"如果把我碾成粉末,能为我的孩子铺成一条安康的路,我将毫不犹豫地跳进粉碎机。"①这些声音一方面说明了自闭症儿童的主要照顾者多为母亲,另一方面也揭示出自闭症这一标签给家庭、给母亲精神上的巨大压力。

国外研究者发现自闭症儿童母亲在压力、沮丧和焦虑水平上都高于父亲。②母亲作为主要的照顾者更不仅要承受精神上的失落,还必须改变自己的生活方式去照顾自闭症儿童。母亲相对于父亲而言,因为承担着更多的对母职的期待、情感和责任,作为主要的照顾者更容易产生焦虑、悲伤、愤怒的情绪。

劳斯安东提(Traustadottir)透过深入访谈和参与观察14个有障碍儿童的家庭,发现家庭照顾的性别本质:母亲的主要角色是实际行动者,包括提供照顾工作或向外寻找社区资源或两者兼顾;而父亲主要角色是支持者,即提供经济支持、提供认可和感激母亲的照顾工作、愿意讨论有关照顾的选择和协助母亲做决定;如果父亲完成上述三项角色,母亲就认为父亲具有支持性和是投入的。③作为对自闭症谱系障碍儿童家庭支持系统的研究,我们以家庭为最小研究单位,而所选择家庭中母亲仍然都是主要照顾者,因此并未将性别这一议题纳入,但是也希望透过全面的生活经验的诠释反映整个家庭的生存处境和社会脉络。

二、生活经验的界定

本章试图用诠释现象学的方法去了解自闭症儿童家庭的真实世界与生活,去聆听家庭的生活经验和自闭症儿童的养育历程,以发掘其生活经验的内在意义。目前国内对自闭症儿童家庭的研究多采用量化研究的方法,如利用压力量表、生活品质量表等,无法深入去解析人类现象,并且容易忽略

---

① 罗光荣.儿童自闭症:父母心中永远的痛[J].家庭医生,2006,2:31-33.
② Meadan, H., Halle, J. W., & Ebata, A. T.. Families with children who have autism spectrum disorders: stress and support[J]. Exceptional Children,2010,1:7-36.
③ 许靖敏.发展迟缓儿童母职经验与体制的探讨:以女性主义观点分析[D].台湾大学社会学研究所社会学论文,2002:45.

人类生活世界的动态性、复杂性和生活的完整性。而诠释现象学的研究正是对生活世界的研究，目的在于获得对我们日常生活体验的本性或意义更深刻的理解。①

那么什么是"生活经验"？

这个问题是现象学人文科学的出发点和归宿。狄尔泰认为，生活体验的最基本形式包括我们生活中直接的、先于反思的意识：一种反射性的或自发性的意识，作为意识，它并未意识到自己的存在。"生活体验对我来说并不像被觉察或呈现出来的事物那样与我相遇，它并未向我显现，但事实上生活体验确实与我共在，因为我能够以反思的形式意识到它，从一定意义上讲，我直接占有它，就像它完全属于我一样。它只有在思想中才变的客观具体。"②另一位现象学家梅洛·庞蒂对"生活体验"则作出了更为本体论的解释，他称之为"可感性"。"可感性精确地讲就是一种中介，是不带任何诠释的存在；可感受性的可觉察的外表及其无声的力量是存在的独特的自我显现方式，它不带偏见观点，也决不含糊和超然"。③而范梅南认为生活体验是我们所经历的并将之视为经验的一种典型特例。至此可知，生活经验是对所经历的生活世界的直接体验和感受。然而，我们每个人的生活世界都是丰富多彩的，在这个世界里我们扮演着不同的角色，自然就会有多种生活体验。而本研究试图去探寻自闭症儿童家庭的生活经验。

范梅南在其《生活体验研究——人文科学视野中的教育学》一书中描述了四种人类生活的最基本经验，包括生存的空间（空间性）、生存的感体（实体性）、生存的时间（时间性）、生存的人际关系（相关性或公有性）。④ 人类是通过这些方面去体验世界的，这四个主题已经被公认为属于生活世界的基本结构，也是我们在探寻自闭症儿童家庭生活世界中的主要方面和研究重点。

---

① 范梅南.生活体验研究——人文科学视野中的教育学[M].宋广文等译.北京：教育科学出版社，2003：11.

② 范梅南.生活体验研究——人文科学视野中的教育学[M].宋广文等译.北京：教育科学出版社，2003：44.

③ 严丽纯.论教师的生活体验[J].湖北广播电视大学学报，2010，6：67-68.

④ 范梅南.生活体验研究——人文科学视野中的教育学[M].宋广文等译.北京：教育科学出版社，2003：136.

第二节 研究目的和内容

狄尔泰认为生活经验是对生活的主观觉察,它存在于某个感官中,不需要外求,但我们不容易立即捕捉经验的全貌,而是要在某个时候通过语言及文本的反省,将隐藏在整个生命中的经验呈现出来,唯有如此读者才可以进入某个生活经验中。[1] 并且他认为,生活体验之于精神如同呼吸之于身体:"正像我们的身体需要呼吸一样,精神也需要在情感生活的回应中实现并扩展其存在"。[2] 范梅南也说,生活体验如同意义的呼吸,在生命之流中,精神"吐纳"着意义。[3]

因此本章研究中所定义的生活经验是指由自闭症儿童主要照顾者主观描述其在养育自闭症儿童过程中的认知、情感及行为的觉察和反省。这里所谓的生活经验是一个持续进行的动态过程,人们不但生活在现在所经验到的情境之中,也夹持着过去所经历过的经验,所以人们每天的生活经验都包含了多重层面的因子。即生活经验通常是过去的事,隐含着生活的全部,然而我们要立即捕捉经验的丰富性和深度并不容易,往往需要在事后借由语言及文本的反省,将隐藏在整个生命中的经验呈现出来,如此读者才能进入某个生活经验之中。而研究者之所以能透过主体间的相互交流了解到被研究者的生活经验,是因为人们有了一个认识的共同基础——感性经验和大致相同的基本需求。[4]

本章生活经验研究的初衷是想深入自闭症儿童家庭,了解家庭在照顾自闭症子女过程中的心情点滴,也期待主要照顾者在叙述、诠释家庭生活历程的同时,也能回头再次省察、理解他们在其中的决定。再者,由于自闭症儿童主要照顾者所感知的处境属于一种生活经验,只有重视受访者主观知

---

[1] 谢晓雯.变中找序—初为人父母之生活经验[D].嘉义大学家庭教育研究所硕士论文,2001:12.
[2] 范梅南.生活体验研究——人文科学视野中的教育学[M].宋广文等译.北京:教育科学出版社,2003:46.
[3] 范梅南.生活体验研究——人文科学视野中的教育学[M].宋广文等译.北京:教育科学出版社,2003:46.
[4] 张庆雄.生活世界是人类主体间交流的基础[J].哲学杂志,1997,20:116-135.

觉并从情境脉络中进行移情的理解,才能在他们呈现体验的同时,一窥现象背后的真意。

一、研究目的

基于此,本章的研究目的是希望透过访谈,使得自闭症儿童主要照顾者能够回顾和反省过去的生活经验,并借由主要照顾者在获知孩子为自闭症儿童后的心路历程、孩子的自闭症特征所带来的冲击、以及主要照顾者本身的调适历程等生活经验,来呈现出自闭症儿童家庭的经验本质和生活意义。希望透过生活经验的探究与体会来探寻家庭支持系统的构建,能为未来的政策或服务提供某些反思与启示。

研究者试图通过质性研究方法,在自闭症谱系障碍儿童主要照顾者回顾和反省过去的养育经验中呈现出自闭症谱系障碍儿童主要照顾者的整体养育经验,深入挖掘养育经验的本质和生活意义。由此归纳出自闭症谱系障碍儿童主要照顾者共同的经验主题和困境,构建出自闭症谱系障碍儿童家庭支持系统的主要脉络和共通模式,并进一步对自闭症谱系障碍儿童相关的政策制定和干预策略提供参考依据,以提高自闭症谱系障碍儿童和家庭的生活质量。

二、研究内容

自闭症谱系障碍儿童家庭生活质量与儿童发展密切相关。高质量的家庭生活能够促进自闭症谱系障碍儿童稳步发展,相反,低质量的家庭生活使得自闭症谱系障碍儿童发展受阻。我国已有的自闭症谱系障碍儿童研究关注更多儿童个体,主要针对儿童个体开展各项康复教育,而忽视儿童背后的生存环境——家庭。如果对自闭症谱系障碍儿童家庭的生存状况熟视无睹,那么无疑将不能从根源上带动自闭症谱系障碍儿童的发展和进步。自闭症谱系障碍儿童家庭支持系统研究以提升自闭症谱系障碍儿童家庭生活质量为主要出发点,通过家庭生活质量的改善,提升自闭症谱系障碍儿童的生存境遇,最大可能性地保护自闭症谱系障碍儿童享受平等的生存权和发展权。自闭症谱系障碍儿童家庭支持系统的构建以克服儿童中心的体制性障碍为目标，纳入以家庭为中心的视野，通过对儿童所居住环境的全方位调整，促进自闭症谱系障碍儿童各方面的发展。

本章研究主要试图通过自闭症谱系障碍儿童家庭的生活经验，构建自闭症谱系障碍儿童的生态系统，并从中厘清家庭压力、家庭需求的困境，进而发现问题的症结，并提出可行性的建议等。主要的研究内容包括：（1）从"**现状**"层面对自闭症谱系障碍儿童主要照顾者生活经验进行考察。研究拟通过大量的访谈、观察、文本分析等揭示出自闭症谱系障碍儿童主要照顾者在养育自闭症谱系障碍儿童过程中的真实现状；（2）从"**制因**"层面对影响自闭症谱系障碍儿童主要照顾者养育经验的因素进行研究。通过呈现自闭症谱系障碍儿童主要照顾者的养育经验，逐步发现自闭症谱系障碍儿童主要照顾者的养育经验中有哪些重要事件扮演着关键性的角色，以及探索这些重要性事件是如何影响家庭生活质量的；（3）从"**实践**"层面研究自闭症谱系障碍儿童家庭养育的主题模式。通过对多位自闭症谱系障碍儿童主要照顾者生活经验的访谈与观察，总结出自闭症谱系障碍儿童家庭养育历程的共有主题和共有困境；（4）从"**对策**"层面研究提高自闭症谱系障碍儿童家庭生活质量的可行性举措。结合自闭症谱系障碍儿童家庭养育的经验本质，建构自闭症谱系障碍儿童家庭的生态系统，考虑在此基础上如何推进自闭症谱系障碍儿童家庭支持系统的建设，为自闭症谱系障碍儿童和家庭更好地融入社会提出有针对性的对策建议，这一部分的研究则主要集中在后续章节中，包括家庭生态系统的建立以及支持系统的建构等。

第三节　研究方法

本章试图探询自闭症儿童主要照顾者在养育自闭症儿童过程中的生活经验，以诠释现象学方法论为视角，运用主题分析法对资料进行分析处理，透过主题分析的诠释循环寻找主体经验的意义组型。以下将从质性研究方法的选择与诠释现象学方法论谈起，而后详细说明本章研究的研究设计，包括研究对象与研究场域的选择、访谈方法的选择、研究资料的收集与分析过程、访谈过程与伦理等,最后介绍一下研究者角色以及研究的严谨性等。

一、质性研究方法的选择

(一)研究方法论的选择

本章研究的目的在于深入自闭症儿童主要照顾者的生活世界中,还原此生活经验的本质,并诠释经验本质背后所隐藏的深层意义。传统的实验或行为科学强调的是一种归纳性的调查过程,旨在求得实证的类化,再加以公式化或建构成理论,且大部分的教育研究者倾向将生命分割成细碎的抽象片段和单位,文字则多用以说明某种特定的互动方式,较少用来说明这些互动所蕴含的深层意义;反观质性研究的取向,是基于对"自然情境"和"意义建构"的关切,且着重过程的描述与归纳的分析[①],正好契合本研究的取向。

在质性研究的多种不同典范中,本研究拟采用诠释现象学为整体研究的基调。诠释现象学为一门解释性科学,借由系统性的探究过程来揭示可被意识到的人类生活经验本质,并借由诠释来呈现本质背后更深层且丰富的意义。[②] 自闭症儿童的出现给整个家庭,特别是主要照顾者的生活带来巨大的冲击和变化,形成了独特的生活经验,这符合诠释现象学所感兴趣的人类生活经验,且唯有借由诠释现象学中对等、客观的对话及互为主体同意的过程才能展现此经验的本质及其背后所隐藏的深层意义,达到本研究所要达成的目的。

长期以来,在教育的相关研究上,多是以量化研究为典范,其固然帮助解决了许多实际的教育问题,但逐渐地,却也成为一种独断的意识形态;质性研究的发展就是起源于对此危机的反动。研究者在进行文献分析的过程中发现,对自闭症儿童家庭或者家长的研究多半以量化研究来进行,试图量化家长或家庭正在遭遇的压力或者是痛苦,这种建立在自然科学基础之上的方法固然能帮助研究者获取部分信息,但并不能全面地反映

---

① 蔡慧芳.国小学障儿母亲生活经验之研究[D].嘉义大学家庭教育研究所硕士论文,2005:31.
② 谢晓雯.变中找序—初为人父母之生活经验[D].嘉义大学家庭教育研究所硕士论文,2001:29.

出家庭的生活经验本身以及其背后的真意。生活经验是一个动态的变化历程,应该重视受访者的主观知觉并从情境脉络中进行移情的理解,才能在呈现经验历程全貌的同时,一窥现象背后的真意。① 因此,本研究决定使用诠释现象学的研究方法,不带任何预设立场地去了解自闭症儿童主要照顾者的生活情况,以求真实地呈现其原貌,继之以现象的本质为先前理解来进行诠释,揭示自闭症儿童主要照顾者生活经验背后所隐藏的深层含义。

(二)诠释现象学方法论

谈到诠释现象学方法论则不能不论及现象学,也不能不论及现象学的鼻祖——胡塞尔。不同于实证主义者所强调的外在世界是可以独立于人类意识而存在的,现象学鼻祖胡塞尔认为应该重视人类内在意向性。胡塞尔认为科学经验方法并不是认识事物的唯一准则,也并不认同以事实等同于实有的论调。现象学强调的"现象"是事物本质的彰显,是由对外在的关注转移至对内在的意识反思。现象学的目的即是将生活体验的实质以文本的形式表述出来。通过这种转变,文本的效果立刻成为有意义事物的重新体验和反思性拥有。通过文本,读者自己的生活体验就会被充分激活,产生与文本的"对话"。② 因此要进入受访者真实的生命世界,深入了解其生活经验的本质,研究者必须首先排除其主观偏见,以客观的态度进行描述,来显现现象的原貌。

现象学起源于对当时实证主义所领导的哲学、科学思维的反动,企图挽救这样的危机。在《欧洲科学的危机与超越论的现象学》中,胡塞尔指出现象学的任务是发展"生活世界的纯粹本质说",亦即现象学的任务是在于思考和指明,在于先验地看生活世界是如何地起着基础作用的。胡塞尔强调知识的根源乃物自身,即日常生活中经验到事物本身,而存在只在自我意识的层面,且与意义密不可分。③ 于是,我们看到现象学中两个重要概念:生活世界及意义,这是现象学方法如何可能,也是本研究的进行如何可能的重要

---

① 谢晓雯.变中找序——初为人父母之生活经验[D].嘉义大学家庭教育研究所硕士论文,2001:29.
② 范梅南.生活体验研究——人文科学视野中的教育学[M].宋广文等译.北京:教育科学出版社,2003:46.
③ 胡塞尔.欧洲科学的危机与超越论的现象学[M].王炳文译.北京:商务印书馆,2005:558.

起点。

生活世界是现象学方法最主要的理论基础,突破实证主义的异化,返回知识最初的来源。胡塞尔对其所提出的生活世界的阐释如下:

> 生活世界是一种本来自明性的范域,一切自明地呈现出来的事物,都被当做在知觉中直接出现的事物自身,在记忆中被回想成事物自己,或其他知觉方式中呈现出来的事物自身。

也就是说,生活世界的经验是主观的、相对的,由此所表述的仅为意见,还不能达到知识的层次,但它的确是一切自明性的源泉,以此为出发点,寻求符合逻辑与客观性的自明性,才是科学的成立之道。进一步来说,生活世界的原初自明性,在历史的过程中发挥着基础和统一的作用;生活世界作为各个世界间交互作用的基础与结果,各个世界则在生活世界中获得统一,也因此,生活世界是永远处于循环变动的过程中未臻完备的体系。同时,在这一个过程中,生活世界也具有某些相对稳定的因素,人的某些基本欲望和需求,以日常的生活世界为出发点,到科学世界、哲学世界,再延向生活世界,来来回回地求索,如此,我们才能逐步理解高层次的价值观念,求得人与人之间互为主体的理解。① 本章以研究参与者生活世界的经验为探求对象,透过主题分析的诠释循环来回求索,提取淬炼,以期看见所有研究参与者的生活经验本身和意义。

作为胡塞尔的学生,海德格尔在《存在与时间》中也宣称了,他所提出的"存在问题"的研究,即"存在意义的问题"。② 所谓意义,内在于种种不同的知觉体验(判断、喜爱、记忆等)之中,而当我们纯粹地探询此体验本身时,即现象学地研究它时,给予我们的不是自在的客体,而是意义。也就是说,意义是透过主体在生活世界中的种种实践活动被给予的。而意义的产生,有赖于意识的意向作用,也就是人所具有的意向性。关于对象的意义,可从意向的体验中导引出来,此意义关乎客体事件或对象,但仍属意义层次,是与意识相连,而非离开意识而独自存在的客体事物。而意向性即我朝向某物

---

① 张庆雄.生活世界是人类主体间交流的基础[J].哲学杂志,1997,20:116-135.
② 海德格尔.存在与时间[M].陈嘉映等译.北京:三联书店,1987:36.

的方式,或事物在意识中给予的方式,是我们从自己经验的内在性质及"第一手"知识了解的东西,它的性质是我们经验自有的、独立的主观经验。因此,进一步来说,诠释现象学所探讨的不是事物自在的存在,它的"什么",而是它对意识的意向显现的方式,它的"怎么",或说"如何",它关心的是意义和意义的有效性。[①]

综上所述,本章试图以自闭症儿童主要照顾者的生活世界为基础,透过研究参与者的语言描述,这种描述是有先天的意向性,指向她所经验到的生活世界;然后从其描述转成的文本中,经过研究者的分析与诠释,我们将能够看见自闭症儿童主要照顾者生活经验的意义为何。

二、研究设计

为能收集丰富的资料并能对资料做系统呈现与分析,研究者必须要有一套严谨的研究设计及有系统的工作流程。以下的研究历程由诠释现象学方法论所衍生出来,其具体实施步骤为:选择研究对象、研究对象描述、访谈方式的选用、资料呈现与结果分析历程和访谈伦理。

(一)选择研究对象

质性研究为了深入了解受访者的生活经验,因此选取的样本人数并不多。而帕顿(Patton)提出质性研究样本的选取重点在于可以提供丰富的咨询内容,这和量化研究强调样本的代表性、随机性不同,因此,研究者根据研究问题,选择可以提供丰富资讯的样本作深度的研究,称之为目的性抽样。[②]

本研究主要的目的是在了解自闭症儿童主要照顾者在养育自闭症儿童过程中的生活经验,因此在取样上研究对象的受访条件为子女已经被诊断为自闭症。研究采取两种方式寻找愿意与研究者分享个人生活经验的自闭症儿童主要照顾者:一是采取滚雪球的方式,经由研究者的同学、朋友等人际网络,试图寻找愿意接受访谈的主要照顾者;另外联系特殊学校,请他们代为询问是否有愿意接受访谈的主要照顾者。通过这两种方式,一共找到

[①] 张汝伦.现象学方法的多重含义[J].哲学杂志,1997,20:90-115.
[②] 陈向明.质的研究与社会科学研究[M].北京:教育科学出版社,2000:103.

六名自闭症儿童主要照顾者,均为自闭症儿童的母亲,愿意与研究者分享她们的养育经验。其中一位是通过朋友介绍,另外三位是由特殊学校的老师帮忙介绍,剩下两位则是由其中两名访谈对象的热心帮忙介绍而得。

(二)研究对象描述

为保护个案的隐私,所有访谈对象均用化名。为了让读者对本研究受访者的背景有基本的认识,研究者将受访者的相关基本背景资料整理成表格,仅供读者参考。

表 3-1 研究对象基本信息

	小青	小利	小慧	小美	小雅	小静
年龄	32	38	41	36	32	35
婚姻	已婚	已婚	已婚	已婚	已婚	已婚
教育	初中	大专	中专	本科	中专	高中
职业	无	无	无	教师	无	无
孩子性别	女	男	男	男	男	男
现就读学校	辅读学校	无	无	辅读学校	普通小学	辅读学校
发现异常年龄	2岁	2岁左右	2岁多	2岁多	3岁多	2岁多
访谈时年龄	6岁9个月	9岁	8岁	8岁	9岁	13岁
主要照顾者	妈妈	妈妈	妈妈	妈妈	妈妈	妈妈
同住者	爷爷奶奶 爸爸	爸爸	爸爸	爸爸	爷爷奶奶 爸爸	爸爸
目前状态满意度(1-10,1最低)	1-5分	5分	5-6分	10分	9分	9分
访谈地点	西餐厅	家里	家里	西餐厅	咖啡屋	学校操场

六位受访者的基本背景资料,略述如下。

1. 小青,32岁。研究者是通过小青女儿的教师和小青联系上的。先是在QQ里跟小青随便聊了聊,了解了一些基本的情况,并询问了她是否愿意参与研究者的访谈。小青很爽快地答应了,约好了周五早上九点的时候在孩子的学校门口碰面。周五那天早上突然下起了暴雨,研究者辗转来到学校门口,并没有小青的身影。于是研究者给小青打了电话。不出几分钟,对面的巷子走出来一个小小的身影,瘦瘦小小的她看上去不像是一个7岁孩子的妈妈。寒暄几句之后,我们去了学校附近的一个西餐厅,准备坐下好好聊聊。坐下不多久,我们开始聊起了孩子的话题。小青给我看了手机里面女儿的照片,女儿长得胖乎乎的很可爱。

　　小青初中毕业了就随家人到市里做生意,后来认识了现在的老公,结婚并生下了一个女儿。女儿到一岁半的时候还不会讲话,小青开始着急并觉得自己的孩子似乎与别人家的小孩不一样。到两岁多的时候带去医院检查,医生很肯定地告诉她,孩子患有自闭症。刚听到这个诊断,小青并不相信也不理解,一度觉得人生没有希望了,回忆到这些经验的时候,小青情绪还显得有些激动。但是孩子是耽搁不起的,小青虽然有点心灰意冷,但仍然积极的安排孩子接受治疗和训练。孩子先前在一家自闭症康复机构训练了三年,之后转入现在就读的辅读学校,小青只求自己的孩子能够尽可能地学习和掌握一些知识和技能,并且希望孩子的成长过程是快乐的。其他家人在对待孩子的态度上都是积极支持,并尽可能提供多方面帮助,但是主要的照顾任务还是在小青一人身上,包括接送放学、孩子的教育和训练等。尽管孩子在学习上进度很慢,但是小青仍然坚持着,只是希望孩子将来能够生活自理,能够快快乐乐健康地成长。对于未来,小青仍然很迷茫。

　　2. 小利,38岁。与小利的相识也很偶然,在QQ上联系到小利后,向其说明了本研究的过程,她欣然同意了接受研究者的访谈。由于小利的小孩没有地方上学,平时都是自己在家里带,所以小利的访谈地点定在了她家里。小利家在城市远郊,研究者花了两个多小时的时间才去到那里。远郊没有了城市的喧嚣,一切显得都很安静。在去往小利家的路上,小利带我绕过了条条杂草丛生的小路,上坡下坡地来到了她家。家里很简陋,一个厨房,一个客厅,一个卧室。对面街上住的是她姐姐家。客厅墙上还有小利儿子上幼儿园时候得到的奖状,靠墙的书柜上摆满了儿童读物。小利的儿子正在卧室的床上不停地蹦着跳着,丝毫没有觉察到我的到来。小利进去,拉过儿子说:"家里来客人了,怎么说?"她儿子并不看我,对着墙说着"阿姨好。"跳了一会兴许是累了,于是拉着小利不停地说着"玩电脑、玩电脑"。小利对着我笑笑,然后捧着儿子的脸说:"好的,去玩吧。"儿子乐呵呵的就自己去开电脑开始玩起来了。我们到客厅坐下,开始了我们的话题。中间小利的儿子进厨房去拿了瓶冰水放到我们坐的桌子面前,却端起我面前没喝的杯子大喝了一口,于是小利开始斥责儿子。谈话被第一次打断。过一会,小利的儿子又从卧室出来,却只穿着个短裤,又被小利批评,让他回去赶紧穿上长裤。幸好是每次打断,我们都能很快地回到之前聊到的话题,所以影响并不是很大。反而在家里的访谈,让我能更深层次地去理解小利的生活处境和生活经验。访谈结束之后,小利提出送我去车站,也顺便带孩子出去走走。一路上,小利的儿子不停地在向小利提要求,去超市、买蛋糕、去坐轻轨。小利一遍一遍地给儿子讲着今天天气太热,改天再去之类的话,并不断地轻抚他的身体以示安慰,不时还对我报以无奈的微笑。

　　小利的儿子在2002年的时候出生,孩子一岁多的时候小利发现他有些异常,整个发展滞后,带去医院检查,被认为是发育迟缓,于是参加了医院开设的亲子游戏班,但效果并不显著。由于小利以前听说过自闭症这个词,于是怀疑自己的孩子是不是有自闭症倾向,去书店买了很多自闭症相关书籍,回来一对照,发现自己的孩子很可能就是患上自闭症。后来他们又去了另一家医院,果然不出所料,孩子被诊断为典型自闭症并伴有智力落后。虽然先前有预知,但知道了这样的结果,小利还是很难接受,心情也比较郁闷,于是辞掉了项目经理的工作,与老公一起带着孩子搬离了市区来到郊区,与姐姐为邻,希望得到一点依靠。小利先开始一直是自己在家对小孩进行干预训练,但是不得要领,后来参加了医院开设的ABA训练课程,知道了怎么样去教。到孩子四岁的时候,小利带孩子每周去一次康复中心接受两个小时的训练,坚持了两年的时间。后来康复中心关闭了,小利又开始自己在家里训练。但是她觉得这并不是一个长久之计,于是联合几个家长一起开设了一个小型的康复中心,不仅训练自己的孩子,还招收一些外面的孩子,一共坚持了两年,后来因为缺乏经费的支持也只好放弃了。而孩子由于没有学校接收,至今仍然在家中接受训练。小利之所以如此折腾,自己训练、自己办学校、写联名信寻求帮助,主要是身为自闭症孩子妈妈的责任感,希望自己的孩子能够有学可上,家长不能坐以待毙,而是要尽量去争取和寻求社会的关注。

3. 小慧,41岁。认识小慧是经由小利的介绍。她们两家住的比较近,经常在一起照看孩子。小慧是为了方便孩子上小利先前办的康复机构才从市中心搬到这里来的,周围并没有什么认识的朋友,丈夫也经常在外做生意。所以一直都是与儿子两个人待在家里。由于是租的房子,家里并没有很多摆设。两间房里,一张床一张桌子。我去的时候小慧的儿子还在睡午觉,屋子里显得格外安静。我跟小慧在客厅里轻声地聊着,她时不时地转过去看着儿子。聊到中途,孩子醒了,小慧问他要不要吃旺旺雪饼,说这是他最喜欢吃的。果然孩子要吃,小慧拿了一个给他,可是他却怎么也撕不开那个包装袋,越撕越急。小慧看不下去,拿过来帮他打开了,轻轻地叹了口气。吃完了雪饼,孩子就在客厅里对着走廊跳着。

小慧的孩子2003年出生,孩子的出生并不像想象中的顺利,先是早产,在保温箱里住了二十多天,后来三个月的时候发现患有先天性白内障,六个月的时候做了白内障第一次手术,三岁以后又做了第二次手术。由于小慧身体一直不好,两岁前孩子一直是放在别人家里带,小慧和先生有时间就去探望。两岁之后小慧把孩子接回家自己带,开始发现小孩有些异常,一开始以为是孩子眼睛的问题,直到三岁之后孩子又做了一次的内障手术又做一次白内障手术,视力问题基本上解决,但小慧还是发现他跟其他小孩不一样,总是喜欢晃手,不分场合的哭闹等。后来又带他到医院里进行检查,才发现孩子患有典型自闭症。小慧才明白原来视力问题不是最大的问题,自闭症才是最大的问题。后来小慧经人介绍,带孩子去了康复中心训练了一年多,后来也是因为康复中心关闭,小慧又带着孩子到小利开的康复中心接受训练,甚至在康复中心附近租了房子安了家。现在小利的康复中心也关闭了,孩子就跟着小慧天天在家,学习一些简单的生活技能。小慧的丈夫经常在外做生意,一个月偶尔回来几次,丈夫对小慧和孩子都非常关心,这点是小慧倍感欣慰的地方。谈到未来的期望,乐观的小慧只希望自己的孩子能够有个地方可以去,可以过集体的生活。

4. 小美,36岁。去见小美之前,我还特意进小美的QQ空间里看了看,里面有很多她和孩子的生活照,孩子长得很清秀。空间里还有很多她和孩子互动后的心得体会,有孩子进步时候快乐的分享。也有孩子停滞不前时的困惑。每次小美的分享,都有很多好友给予回复和鼓励。与小美约定的地点就在她家附近的餐厅。她说她常带孩子来这个餐厅,这里面的服务员都认识她和她儿子了。果然,服务员过来的时候还问小美,怎么没把你家小朋友带出来。小美很健谈,或许是做老师的缘故。一坐下就开始说起今天中午又被儿子老师叫去学校了,原因是中午吃饭的时候孩子把汤水都弄到身上了,于是带了衣服去给他换。我还说到早上的时候我去她儿子班上了,他们正在学什么"一九二九"的儿歌。她哈哈大笑,怪不得这几天孩子总在家里念叨,但是自己又听不懂他说什么,原来是这个啊。早上去看小美儿子的时候,他们正在听儿歌,可是小家伙并不老实,一直拿着根长棍子在那玩,不看大屏幕,老师把棍子收走了之后,他就索性趴在桌子上,或是把凳子翘起来,不到两分钟,就跑下座位在教室里闲逛。

小美是一名学校老师,还在孩子十个月的时候就发现孩子有些不对。断奶的时候,孩子完全没有任何不适应的表现,显得太过乖巧,但当时小美只是觉得奇怪。一直到孩子1岁8个月的时候小美发现自己的孩子和同龄人相比,差距很远,基本上什么也不会,才开始带着孩子去医院检查。辗转几个医院后,小美终于得出结论:孩子患有典型自闭症。好在当时身边有可供咨询的资源,小美并没有走太多弯路。最初的几年,孩子一直在康复中心接受训练,平时小美在家也进行一些辅助训练。去年,小美把孩子送到了辅读学校学习,并请了一位伯伯放学后帮忙照看。虽然既要兼顾工作和家庭,还要照顾孩子,非常辛苦,但是小美依然精神奕奕,很满意现在的生活状态。同为老师的丈夫有时候能帮她分担一些照看孩子的工作,小美可以有自己的空闲时间逛逛街,打打球,能够这样小美说她已经很满足了。

5. 小雅,32岁。小雅是通过身边的同学介绍认识的。我第一次打电话约她的时候,她就爽快地答应了。由于她就住在学校附近,所以第一次见面,我们约在了学校的牡丹园。她穿一件非常优雅的黑裙子,脸上有着精致的妆容,裙子上还别个很漂亮的胸针,看得出她对生活是非常的热爱。见到她的时候,她正在接电话,我远远地等着。接完电话她走过来说,不好意思,刚刚有个孩子的家长打电话找我谈,说夫妻关系很僵,想要离婚,我劝了半天,说本来孩子有问题,家庭的和睦对小孩来说特别重要,告诉他们还是要多调节一下,从小孩的角度出发。讲完这个,我邀请她去附近的咖啡厅坐坐,边喝茶边聊。她欣然答应。在路上,她就开始同我分享她小孩目前的状况,在普通学校就读,每次考试能考到 80~90 多分,话语里满是骄傲的神情。坐定之后,我开始跟她讲述我的研究计划,并再次询问她是否愿意接受访谈,她表示没有什么问题。她说很希望能帮助有困难的家长,特别是呼吁政府能够关心这些孩子,让他们有学可上,这是最重要的。聊完之后已经九点多了,我坚持送她回家,她说不用了,丈夫说过来接她,让我自己一个人回去注意。第二次访谈约在了她家附近,她老远看见我就大声地招呼我过去,在一个她认识的 KTV 老板那里要了个小包间,我们就开始继续上次未了的谈话。

小雅的孩子 2001 年出生,从怀孕到生产,过程都特别顺利。直到孩子两岁半,还不会讲话,小雅才开始带着孩子去医院检查。一开始医生并没有诊断出孩子是自闭症,只是让小雅回去多跟孩子沟通。一直到三岁多了,孩子仍然不能讲话,小雅又去了好几个医院诊断,才发现孩子患有自闭症。当时小雅对自闭症这个词完全没有概念,后来在网上搜寻了一些资料,才意识到问题的严重性。于是小雅开始自己在家里教孩子,教了两个月之后,发现完全没有任何进展,有点心灰意冷。后来她辗转得知外省有个康复机构办得不错,于是辞掉了工作,带着儿子和婆婆去了外地接受训练。在外省康复机构训练了半年,学会了一些教育孩子的方法,回来接着自己训练。到 2006 年的时候,小雅找了好几家幼儿园,最终有家幼儿园同意小雅的孩子入学,但前提是小雅要全程陪读。从那时开始小雅就成了陪读妈妈。一直到去年,小雅的孩子历经千辛万苦进入附近的一个小学就读,小雅仍然每天同孩子一起上学放学,放学之后还坚持对孩子进行辅导和训练。对于目前的生活状态,小雅还是挺满意的,爷爷奶奶和丈夫对她和孩子也都比较支持,家庭氛围很融洽。

6. 小静,35 岁。第一次遇见小静是跟小青聊完之后一起去学校接小青的孩子。中午学校食堂里到处是吃中餐的小孩、来接小孩的家长和刚上完课的老师。我坐在一边等小青孩子吃完饭,见到小静和里面的每个孩子都热情地打招呼,时不时喂几口孩子吃饭,轻轻拍拍孩子脑袋等。我以为她是这里的老师,后来小青告诉我,她家里的孩子也是自闭症,在这里上学。于是我走过去跟她做了下自我介绍,并询问她是否可以参与我的访谈。她连忙点头同意了,说没问题。后来经过电话联系,确定了访谈的时间和地点。由于小静也是全职在家照看孩子,并加入了学校家长委员会,平时有时间的时候就会来学校转转,于是我们把访谈的地点定在了学校。约见的那天,我很早就去了学校,可是没看见她的身影。我正在到处溜达的时候看见她坐在一个班级的教室里,一看见我,她就出来了,跟我商量能不能等她一下,她想把这个课听完。等她听完课,我们碰面了,我以为她听课的班级是她儿子在的班,她说不是,只是想看看这个老师讲的怎么样。下楼的时候还碰到了学校的教学主管,跟小静说一会有事找她谈。看来小静对学校的工作还挺尽责。在操场一边,找了个石凳,我们就开始聊了起来。

小静的孩子目前在辅读学校读三年级。孩子在1998年出生,到两岁的时候还没有语言。去医院检查的时候医生先开始认为孩子是智障,后来另一名医生认为可能是自闭症。当时小静认为是不是自己长期没有照顾到孩子,所以孩子有点自闭。检查回来之后,小静开始上网搜集信息,才发现跟自己想的完全不一样,于是辞掉工作,开始专心照顾孩子。最开始,小静把孩子送到本地的康复机构进行训练,但是因为不能认同他们的教育方法,所以后来又把孩子送到外省的康复机构学习了一年。从康复机构回来之后,小静利用自己在机构学到的方法开始在家里自己教,在家里教了将近两年,觉得孩子应该要尝试着参与集体生活,于是把孩子送到辅读学校就读。小静自己也参与到学校的家长委员会里,偶尔来学校听听课,看看学生。对于孩子的未来,小静比较乐观,希望再过几年国家的政策好了,孩子毕业之后能够去一些福利性的工厂,能够有个地方可以去。

(三)研究场域的选择

成功的访谈对话,不仅提供研究者深入了解现象背后的意义和发现共同主题的机会,也有助于厘清研究者的盲点与偏执,更刺激双方对主体的敏感度与自我觉察性,而人们在谈话时往往是需要情境、需要时间以慢慢进入感情的世界。^①因此,访谈地点的选择也会关系到资料收集的完整性。本研究过程中访谈地点的选择都是在尊重受访者意愿的情况下,以受访者感到方便且自在的场所为主要考量。

在本研究中,研究者以受访者的意愿为主要考量,若受访者的弹性较大,则共同来商定地点。研究中涉及的访谈地点包括了西餐厅、访谈者家里、咖啡屋、孩子就读学校的操场等。其中以访谈者家里最容易受到干扰,特别是访谈期间正值暑假,自闭症儿童在家,虽然安排了儿童独自玩耍,但是经常会有一些突发情况需要受访者处理。虽然对访谈会有干扰,但也提供了一个机会使得研究者能够更直接地观察受访者与自闭症子女之间的互动,更能够丰富谈话的内容。此外,电话的干扰则是不管在哪一个地点都会发生的,研究者也都会尊重受访者,对其接电话不设限制。所幸的是访谈在中断后研究者仍然能延续前面的谈话,引导受访者继续讲述自己的故事。

(四)访谈方法的选择

本研究以半结构深度访谈作为资料收集的方法,透过对话的方式使研究参与者能够自在、不受限制地就其自身经验与感受侃侃而谈。范梅南认为诠释现象学的对话式访谈有两个特别的目的:一是它可以用于探索和收集经验故事素材,以便对人类现象有更为丰富和深入的理解;二是访谈还可以当作一项工具使用,用以和研究参与者一同发展就某一经历的意义进行探讨的对话关系。^②也就是说,透过对话式的访谈,一方面收集研究对象的叙说文本作为研究资料;一方面也借由这样的对话方式建立研究者与研究参与者的伙伴关系。卡勒乌(Kalve)认为进行访谈的历程如同进入一个矿场,进行一段旅程,从访谈的字面来看是 inter 加上 view,是"一种在两个人之间交谈一个有着共同兴趣的主题的相互观点的改变"。^③深度访谈主要使用自然、开放、直接和文字的问题,引出受访者的经验及故事。半结构深度

---

① 蔡慧芳.国小学障儿母亲生活经验之研究[D].嘉义大学家庭教育研究所硕士论文,2005:41.
② 范梅南.生活体验研究——人文科学视野中的教育学[M].宋广文等译.北京:教育科学出版社,2003:84.
③ 陈静惠.任其在我—身为长子女之手足生活经验探究[D].嘉义大学家庭教育与咨商研究所硕士论文,2008:30.

访谈，是在访谈大纲的引导下，让研究者与受访者在自然真诚的情境中，建立起自然而然的会话内容与风格，研究者在受访者带领下进入到受访者的生活世界中，发现与领会受访者心中的生活经验是什么。也就是，从受访者所经历的经验中，无法直接观察的事件、情绪、意义和感知，经由交谈与陈述坦然而出。

本研究采用深度访谈的方式来收集受访者对养育自闭症儿童这一历程的主观理解，主要是想借由不预设立场的提问，使得研究参与者能够自在、不受限制地就其自身经验与感受侃侃而谈。深度访谈的力量是研究者与受访者透过访谈产生进入自我反思的能力，让揭露经验的可能性更为丰富。同时，在深度访谈所采取的真诚与开放的态度，研究者能够真切地感同身受自闭症儿童家庭的生活经验，让研究者与受访者各具主体性，让双方的视野渐趋一致，让生活经验得以真实的描述。本研究所要探究的是自闭症儿童主要照顾者的生活经验，因此，作为受访者的"说"是这个研究的重心所在，为使受访者的"说"能够尽可能多的提供资讯，研究者除了在访谈之前就需要对访谈主题有清楚的思考外，还需要在访谈现场技巧性的引导受访者不致偏离主题太久或太多。因此，研究者透过事先拟定的开放性访谈大纲，帮助访谈的进行，使访谈能够朝向研究问题，又能避免过多的引导，让研究参与者得以在开放的氛围中，不受妨碍地分享其经验感受，进入经验回忆的旅程中。

以下即是本研究中访谈大纲的主要内容。

您在何时、何种情况下发现孩子表现异常？并请您说说您当时的感受和做法。

当其他家人（例如先生、双方父母）得知此事，他们的反应如何？

在孩子表现出异常之后，家庭的生活状况有哪些改变？您是如何去调整自己的生活方式，来应对因孩子的问题而产生的困难呢？（例如，经济、工作的问题、家务以及婚姻关系等）

在得知诊断结果后，您是否到一些医疗机构或相关福利机构寻求过帮助？这些机构对您和孩子与家庭提供过什么样的帮助？

在与外界环境互动过程中，您觉得周围人是如何看待孩子？如何看待整个家庭？您是否感受到他人对自己或孩子的排挤或歧视，如果有,具体表现在哪些方面?您是如何面对与调适?

回顾和孩子一起走过的历程,是哪些想法、做法和力量,在物质和精神层面,支持您继续勇往直前,坚持下去?

您现在与孩子的互动如何?是否还有压力?您如何看待自己和孩子未来的路?

回首过去的生活,养育特殊儿童带给您什么生命上的意义和价值?

您愿意给有同样困难的家庭提供哪些建议,帮助他们走过人生的低潮?

在与受访者进行的访谈中,研究者主要是以上述问题为主轴进行访谈,除此之外,还包括受访者所说的话,即时提出疑问或同感的回应。在最初的试验性访谈的操作中,研究者显露出在访谈技巧上的不足,特别是始终持有自己的先验理解,对于与主题相关的重要讯息不能立即地掌握,错过顺势发问的机会。因此,进入到正式的访谈,研究者时刻提醒自己要保持对各种生活经验开放的态度,掌握好顺势发问的技巧,能够更好地跟随和掌握谈话内容,使得双方在访谈的过程中能够达到双方互为主体的理解。

(五)资料呈现与结果分析历程

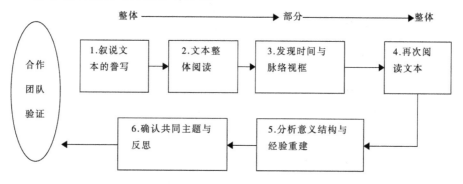

图3-1 主题分析的概念架构—诠释循环[①]

主题分析步骤:

① 叙说文本的逐字抄写

[①] 吴宜婷.全职母亲母乳哺喂及其亲子互动经验之探究[D].台湾嘉义大学家庭教育与谘商研究所硕士论文,2008:38.

② 文本的整体阅读(整体)
③ 发现时间与脉络视框(部分)
④ 再次整体阅读文本(整体)
⑤ 分析经验结构与意义再建构(部分)
⑥ 确认共同主题与反思(整体)
⑦ 合作团队的验证与解释

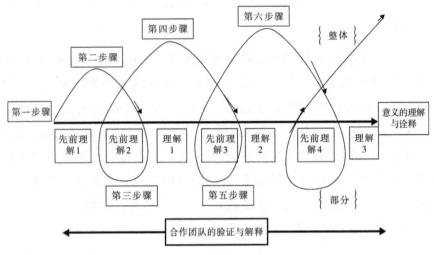

图 3-2 主题分析螺旋图①

在搜集到相关资料后,下一个步骤就是将资料做有系统的呈现及分析。本研究将采取主题分析法进行文本的分析,并以高淑清博士所提出的分析策略与步骤为参考架构,来进行资料的呈现与结果分析,见图 3-1、图 3-2。所谓主题分析是指将收集到的相关资料,借由系统分析来寻找与研究问题相关的主题,以捕捉文本背后的深层意义。②范梅南在书中讲到"主题分析是指主题意义不断显现的过程,在此过程中,通过作品的引申意义和形象描述

---

① 吴宜婷.全职母亲母乳哺喂及其亲子互动经验之探究[D].台湾嘉义大学家庭教育与谘商研究所硕士论文,2008:38.
② 谢晓雯.变中找序——初为人父母之生活经验[D].台湾嘉义大学家庭教育研究所硕士论文,2001:37.

将主题体现出来并使之清晰化"。① 另外,高淑清也说明,主题分析法是对访谈资料或文本进行系统分析的方法,试图从一大堆琐碎、杂乱无章并且看似南辕北辙的素材中抽丝剥茧,归纳与研究问题有关的意义本质,而后借由主题的呈现,帮助解释文本所蕴含的深层意义。② 也就是说,主题分析的目的在于发现蕴含于文本中的主题,并透过主题的诠释展开其经验内涵。总的来说,主题分析法能够帮助研究者通过系统的步骤,作为一种看见的方式,从原本杂乱琐碎、看似矛盾或互不相关的文本中理出脉络,归纳出相关的意义本质,并透过主题的再现,使整体文本的深层意义得以被呈现、被理解。

1. 将受访者的口语及非语言资料转化成文字

结束访谈之后,研究者尽快将访问的录音内容转换成逐字稿。在口语与文字转换的同时,将受访者非口语的讯息及访问当时的特殊情境加注于一旁,作为往后对文本理解的参考。此处所谓的文本指的是"人类行动或经验的书面叙述",即将访问过程中所有口语、非口语及特殊情境等讯息转换为文字,以作为后续研究分析的重要资料。

例如:

研究者:当时诊断出来您和您先生……? 　小利:非常难过。诊断出来我儿子高兴得很,我跟我老公两个人回去之后,我们两个人就哭。他倒是挺高兴,在床上蹦啊、跳啊、笑啊,不知道他当时为什么这么高兴。当时就是我们两个人在哭,他在笑,在床上蹦啊、蹦得老高,笑啊,不知道为什么特别兴奋。看到那个情况心都凉了。一般的孩子到1岁快2岁了,最起码知道看父母的颜色,看父母的表情不好,他会吓得哭。他不知道有多高兴,[停顿]他蛮高兴得,他一点都不看我们的表情。[眼眶泛红]		

---

① 范梅南.生活体验研究——人文科学视野中的教育学[M].宋广文等译.北京:教育科学出版社,2003:102.

② 吴宜婷.全职母亲母乳哺喂及其亲子互动经验之探究[D].台湾嘉义大学家庭教育与谘商研究所硕士论文,2008:48.

2. 以诠释循环及诠释螺旋的方式进出访谈文本中

有了全部的文本之后,接下来便是以诠释循环以及诠释螺旋的历程来进行文本分析及诠释。"整体——部分——整体"的概念意指:对整体的理解有赖于对部分的理解,而对部分的认识则是要考虑其所在的整体脉络;而诠释螺旋则是指:以既有的先前理解为基础来进行理解,会产生新的理解(第二层理解),再以这样的理解为起点继续对话、沟通则又会产生不同的理解(第三层理解)。如此持续进行,直至意义把握为止。因此唯有弹性地穿梭于整体、部分、整体间并开放地面对无止境及任何可能的新理解,才能探求现象的本质及其隐藏的整合意义。根据高淑清的分析策略与步骤,本研究的分析方法遵循如下过程。

(1) 整体阅读文本

在将口语讯息见诸文字后,便可以进行整体文本的初次阅读。在阅读时研究者要将自己的先前理解及偏见放置一边,以开放的态度进入受访者的生活经验中,把握文字自身所显示的重要讯息并加以标记,研究者也可以在阅读的同时写下自己的看法及反思,以求全面理解文本的意涵。

以下是"整体—部分—整体"分析历程中,研究者初次阅读所有文本所得到的整体理解:

> 整体而言,觉得妈妈们都很辛苦,为了孩子能够更好地生活舍弃了自己的工作、自己的时间,非常认真地去规划孩子的未来。当然,妈妈们不免也会有身心俱疲、无法喘息的时候,但是仍然咬牙坚持了过来,并且不断去调整对孩子的期望,去回应孩子的需求,并为孩子做更好的安排。妈妈们"完全地"与孩子一起生活,陪伴孩子的点滴成长。

另外,研究者也写下了初次文本整体阅读的反思:

> 在得知孩子患有自闭症之后,妈妈们透过各种资源去了解这一陌生的领域,尤其是最开始的阶段,遇到了很多困难,对孩子未来的担忧,对孩子的无所适从,心情的调适等。但在访谈中回忆这些过程,妈妈们都已经可以轻描淡写地带过了。妈妈们所关注的是孩子的实际需求,并不要求他们认识多少字,学会多少词,而是更希望他们能够生活自

理。虽然每个孩子现在还有很多的问题,但纵使是这样,妈妈们的言谈里还是透漏出对孩子的怜惜之情,对孩子的每一个小小的进步由衷的高兴。养育自闭孩子的过程中,辛酸不会少,但能看见妈妈们都很坚强,靠着自己的坚持一步步扶持孩子进步,也对未来越来越乐观。

(2) 由脉络探寻部分文本间的关系

将初步整体的文本阅读中所得的重要讯息标记及研究者反思,放入情境脉络及文字脉络来考量,借以厘清其中的暧昧或矛盾关系,以求得适当的意义理解及其核心概念。将各核心概念用关键词归纳呈现出来,成为个别的意义单元,有利于接下来共同主题分类的进行。

(3) 再回到整体做意义的检视,并发现共同主题

文本中部分的意义要再放回整体的文本中进行检核,借由再次的阅读,让研究者有机会再次反省并重新体验。在一次次重新阅读文本及反思的过程中,可能每次都会产生不同的理解,因此研究者必须以开放且具创造性的态度将个别的意义单元加以分类,形成共同主题,即发现现象本质背后更深层的含义。

在确定共同主题前,研究者必须经历一个持续的过程。即不断地在部分——整体间来回检视并能够敏感觉察每次阅读所产生的新理解,对其保持开放、接纳的态度,直到寻得一个能贴近受访者主观感受的现象本质及建立与受访者共同同意且没有内部冲突、矛盾的整全意义展现为止。

3. 后续访谈及验证

当研究者在进行资料分析过程中产生不确定或疑惑时,便可与受访者进行追踪访谈,借由相互主观的对话来厘清困惑,避免不必要的误解。此外,当研究者已经分析出研究结果时,需与受访者再做确认,力求真切地呈现经验本质及其背后的意义。

(六) 访谈过程与访谈伦理

为了更好地获取受访者的生活经验讯息,每次的访谈都是以面对面的方式进行。每一位受访者的访谈次数因各自背景、个性与感受的丰富程度等而有差异。比如说小青和小静,虽然对她们进行正式访谈的时间不超过两个小时,但因为她们都是全职妈妈,一门心思地在带孩子,所以在回顾与

孩子相处的过程中有较为敏锐的感受,表达出的内容并不贫乏。在访谈之前,研究者都会先向受访者提出全程录音的要求并获得受访者的同意,另外,也向她们说明,录音以及涉及个人的信息都会遵循保密原则,以消除受访者的顾虑。

正式开始进行录音访谈后,研究者首先会了解下受访者与孩子的基本信息,以及目前的状态,再开始按照访谈大纲预设的问题进行提问。在访谈的进行中,研究者会依据受访者所谈的内容而调整问题的顺序,或是在不清楚的地方或是研究者认为重要的地方请受访者详加说明。因此,整个访谈的过程主要是受访者的说,研究者的倾听与询问。

三、界定研究者角色

在质性研究中,研究者是整个研究过程中最基本且最重要的研究工具。本研究采取诠释现象学的研究方法论,其目的在于真实地呈现事情既有的原貌,并且试图透过研究者的诠释再去发现现象背后所隐藏的意义,因此研究者时刻提醒自己应该扮演好以下的角色。

(一)研究者需具备自我反省及觉察的角色

在研究人类的生活经验的过程中,不可避免地会受研究者主观的经验所影响。因此研究者必须时时自我反省,以期能清楚知道自己的偏见及先前理解,使其对现象理解及诠释的干扰减至最低。

(二)研究者需具备弹性的角色

质性研究所探求的问题并不存在预设的答案,而是希望通过研究来获取真实的资料。因此质性研究设计无法在事前明确地界定,而是研究情境中逐步形成方向和焦点。就研究者而言,必须具备足够的弹性才得以坦然面对研究过程中许多不可预期的状况,并一一化解挑战。

(三)研究者需具备积极、同理的角色

本质性研究企图借由深度访谈来了解受访者的生活经验。为了收集丰富的资料,研究者必须以积极倾听的态度来建立谈话的气氛,鼓励受访者尽情描述其生活经验,并以同理的回应让受访者感到研究者的理解,而愿意完全抒发内心的感受,让访问得以顺利地进行。

(四)研究者需具备开放、敏锐观察的角色

现象的全貌是借由许多相关资料逐步建构而成的,其目的是企图在受访者的语言及非语言的讯息中探求现象背后所隐藏的意义,因此要了解受访者真实的生活世界,研究者便要抱持着开放的心,不带有任何预设立场地进入研究场中,以开放的心和敏感的触觉去接受受访者在过程中所传达的口语、非口语的讯息以及当下的情境脉络,为后来进行诠释时提供有价值的参考依据,才有可能以统整的方式呈现现象的全貌。研究者的敏感度除了用在搜集资料的阶段外,还必须运用在资料的分析历程中,因为在将受访者的语言表达转变成文字之后,研究者必须对受访者所使用文字有所敏感,即能觉察这些文字在当下的文化脉络及前后文中所代表的含义,才能对现象做出适切的描述、并对现象背后的意义做正确的理解及诠释。

(五)研究者需具备最佳意义诠释的角色

研究者在诠释的过程中要保持相当的弹性,不要受限于既有的经验或知识。在确定整体意义前,研究者要不断进行反思、要不断进出文本的部分与整体之间,并借由与受访者确认分析的结果及与共同研究团队检视研究历程及结果,来做出最有意义的诠释结果。

四、研究的信效度

信度和效度是传统实证主义量化研究的判定标准,其所追求的是一种"普遍法则",然而质性研究所关注的是"社会事实的建构过程",以及"人们在不同的、特有的文化社会脉络下的经验解释",这种脉络情境过程、互动、意义和解释的探索研究,其研究价值和判定标准,绝非量化研究中"信度"和"效度"游戏规则所能涵盖的,而是另有其评价方法。[①]

在质性研究严谨性判定概念及语言的发展上,林肯(Lincoln)和古帕(Guba)提出可信性的四个标准来取代信度及效度的判定,包括确实性、可转

---

① 吴宜婷.全职母亲母乳哺喂及其亲子互动经验之探究[D].台湾嘉义大学家庭教育与谘商研究所硕士论文,2008:61.

换性、可靠性及可确认性①,而高淑清在这四个标准的基础上,增加了解释的有效性这个标准。

(一) 可信赖性

即内在效度,指质性研究资料真实的程度,及研究者是否真正观察到他所希望观察到的。在本研究中,透过研究者开放与真诚的态度,在访谈过程中营造出温暖、接纳与安全的气氛,让受访者能够开启其内在世界并畅所欲言。研究者则本着长期与自闭症儿童家长接触所培养的敏觉性与身为特殊教育工作者的心情来感受自闭症儿童主要照顾者的生活经验,并经常与其他特殊教育专业人士讨论此相关议题,以求对本研究的议题的相关面向能有更深入的了解。此外,研究者与参与者在访谈结束后仍保有联系,遇到矛盾、资料不足时仍可持续探索或与之确认,最后再请参与者为研究者的主题诠释做检证或提供意见,以共同为本研究的可信赖性做鉴定。

(二) 可转换性

可转换性在质性研究中指的是一种"自然类推性",然而质性研究的推论强调情境的特殊性,即研究者的诠释是独特且受限于特定的情境的。② 为了帮助读者能够判断研究的结果是否具有转换性,林肯(Lincoln)和古帕(Guba)认为研究者有必要对研究现象作"详尽的描述"③。在本研究中,研究者透过深度的访谈来探究自闭症儿童主要照顾者的生活经验,对于受访者的口语、非口语讯息、相关背景资料等均详实地记录在逐字稿中,并在呈现主题分析的过程中,尽可能地提供详尽且丰富的社会情境脉络与行动意义描述,力求整个研究过程透明化,提供读者判断研究结果的可转换性,也让读者在阅读时,若遇到与个案相似的情境时,能从中获得一些理解与启示。

(三) 可靠性

可靠性在于详细记录研究中收集资料的过程,使读者有迹可寻,以了解

---

① Lincoln,Y.,&Guba,E.. Establishing trustworthiness[M]. In A. Bryman & R. G. Burgess, Qualitative research. Thousand Oaks,CA:Sage,1999:397-444.
② 丁雪茵等.质性研究中研究者的角色与主观性[J].本土心理学研究,1996,6:353-378.
③ Lincoln,Y.,&Guba,E.. Establishing trustworthiness[M]. In A. Bryman & R. G. Burgess, Qualitative research. Thousand Oaks,CA:Sage,1999:397-444.

研究者如何作决策、如何诠释。在本研究中,研究资料的取得,包括受访者的联络、访谈、录音、逐字稿的誊写等方面都是由研究者全程亲自进行,并请研究团队中的同伴针对叙说资料转换成文本资料以及文本资料上的语言与非语言的准确度进行检核,检核的结果显示逐字稿文本与访谈的内容、情境颇为一致。另外,在研究分析历程和方法方面,研究者则透过向专业人士请教和研究团队的讨论等来不断修正和完善整个研究过程,力求研究过程不偏移,并翔实地透过文字来进行说明,以使其透明化,供读者判断资料的可靠性。

(四) 可确认性

可确认性是指研究的中立及客观性,即研究的过程需要建立在参与者的脉络上,而非研究者的凭空想象。因此资料需要有明确的来源和逻辑的陈述与诠释。本研究在资料的收集过程方面,研究者是以录音笔录下整个访谈过程,以保留原始资料。分析资料时研究者不断地寻求研究讯息的脉络关系,以确保每一个步骤都能合乎逻辑性,并忠实地陈述研究主题的归纳过程与反思。而在诠释的过程中研究者除不断地回顾先前的文献内容,作为研究过程中主题的依据或修正的参考,更透过访谈回馈征求受访者对主题诠释的意见与回馈,确认研究者对于经验的诠释确实呈现出她们的真实感受,即以互为主体间同意的理念来增添本研究的可确认性。

(五) 解释的有效性

共同主题的解释若要正确有效,避免产生逻辑上的矛盾,有赖于解释者的洞察力与所收集到的文本叙说之间的平衡一致,使意义的解释达到两者的协调统整。① 在本研究中,研究者主要借由思索主题解释的遣词用句及其内隐或外显的意义、价值和信念,来检视研究者的主题解释是否能真确地反映出受访者在该情境脉络中的经验本质及其意义,并提升文字使用的适切性和经验本质诠释的可接受性。

---

① 蔡慧芳.国小学障儿母亲生活经验之研究[D].嘉义大学家庭教育研究所硕士论文,2005:59.

第四节 研究结果

本节所呈现的五个主题是在解释接受访谈的自闭症儿童主要照顾者的生活经验,尤其是她们得知孩子患有自闭症之后的主观感受、与自闭症儿童在自然情境中的互动经验以及自身的调适历程。主题的分析结果是从受访者的内在观点出发,透过研究者的理解与归纳,将所觉察到的经验内涵一一呈现,经与受访者互为主体的同意,再去诠释这些互为主体所建构出的生活经验:(1)主要照顾者的心路历程;(2)与孩子的人际互动;(3)与他人的人际互动;(4)主要照顾者的生活空间;(5)主要照顾者的生活时间。

一、自闭症儿童主要照顾者的心路历程
——百样滋味绕心头

自闭症儿童主要照顾者,特别是母亲,在育子路上所感受到的滋味,或许大部分的普通母亲都未曾体验过。从受访者的生活经验中,研究者体会到自闭症儿童母亲心情起伏的强烈变化,以及持续不懈怠的烦忧情绪,即从发现孩子的异常到诊断为自闭症这个阶段开始,种种的滋味感受便不断地浮现并且混杂着。即使如此,自闭症儿童母亲仍然能在养育过程中感受到独特的甘甜滋味,就像身处在寒冬却仍然能闻到春天的气息一般,不全是苦偶尔也有乐。所以根据研究结果,我们将依序以"初闻自闭症"、"烦忧自闭症"及"接受自闭症"这三个次主题来描述自闭症儿童主要照顾者的心路历程。

(一)初闻自闭症

自闭症并不如其他感官障碍一样,很容易被人识别出来。然而若照顾孩子的父母能够细心的观察,其实还是可以在三岁之前,甚至更早就发觉孩子的障碍,并提供早期的干预。如本身是老师的小美在孩子十个月的时候就开始敏感地觉察到自己的孩子有些异样:

> 我觉得我孩子不对,为什么不对呢?十个月的时候断奶,一般的孩子断奶的时候都会哭天抢地的,弄都弄不停,我孩子就那么轻飘飘地过

去了,根本没有说,妈妈不在,没有奶吃了,然后哭啊、闹啊,这些都没有。我就觉得孩子"太听话了",孩子怎么可能是这样子的呢,我就觉得奇怪。

自闭症儿童家长在一开始发现孩子在发展上存在某些问题后,内心便开始受到煎熬,不知道自己孩子问题到底处在哪里,也希望透过时间的累积这种问题可以自动消除。但是随着孩子的成长,这种问题不仅没有减轻反而越来越清楚地显现出来。正如小美所讲:

> 后来到他一岁八个月的时候,因为我有一个同事,她的孩子比我孩子大半岁,我记得蛮清楚,她的孩子一岁八个月的时候,来我家玩,哎呀,那个孩子会坐会爬,棒得不得了。我的孩子到了一岁八个月的时候什么都不会,我心里想就算是笨点也不至于这个样子。因为我孩子小时候长得特别漂亮,我还心想怎么可能这样,不过当时真的没往这方面想,只是觉得不对,心里总觉得不对。

随着孩子的不断成长,孩子的问题越来越明显,于是在这种不安和急于解开心中疑惑的心情下,自闭症儿童家长开始带着孩子去就医并寻求答案。这种寻找答案的过程本身对家长而言就像是种无情的煎熬,内心不断地打破平静。虽然知道自己的孩子与其他孩子有不同,但要真正地去面对与接受那个事实时家长们才发现并不如原先所想的容易,就像小青在回忆那段带着孩子四处诊断的经验时所谈到的:

> 出生之后,她各方面还蛮好的。但是到了一岁半她还不会讲话,这个时候就有点着急,感觉有点不一样。后来一直到两岁三个月去检查,医生说孩子有自闭症,当时医生说的蛮严重(眼眶泛红),弄得我也心灰意冷的,很伤心。(稳定了下情绪)后来回来上网查了,我感觉这个病很严重。

一方面家庭对自闭症的了解甚少,增加了母亲们心中的疑虑,也影响了她们对自己孩子的判断。另一方面,作为诊断的医生当时也对自闭症的信息掌握甚少,曲折的诊断过程陡增了自闭症儿童母亲的痛苦经验。

小利回忆自己孩子的诊断过程，可以说是一波几折：

  第一次是在 F 医院。当时鉴定是发育迟缓，后来就上那个亲子游戏班……后来感觉那个亲子游戏班对他没什么作用……不像其他孩子还跟老师家长互动一下……他完全就不理会、不感冒。我就觉得不对劲，迟缓也不至于不互动呢。我当时就问那个亲子班的老师，我说，我就有点怀疑，因为当时还不确切，不太知道自闭症这个情况，但是我听说过这个词，我就说，你们以前有过自闭症的孩子没有呢？他就说我收过一个这样的孩子，他也是不参与这种活动。我说，那这训练对他有没有什么效果呢。老师就说这要根据孩子自身来说，但是跟别的孩子比不行。他就建议我再重新诊断下。因为当时我们的诊断医生不是特别擅长诊断自闭症。当时诊断的时候我还记得特别清楚，诊断出来我还问了他一句：我这孩子是不是自闭症啊？他听我问了一下，然后拿了桌子上一个摇铃，然后把铃铛一摇，我儿子就关注了，看了铃铛一眼。他就说，这不是自闭症，我在美国专门学过的，这不是自闭症，自闭症的孩子是不能上学的，什么什么的。后来那个老师建议说再去诊断一下，也不要病急乱投医。那个老师还是蛮好的。我就心里想，因为我这个人，我们一直是自己带孩子，没有老人带所以呢也没带孩子的经验，但是我看书，看那个孩子的发展图，到什么阶段会什么，为什么我们家这个还没有啊。后来我就不甘心，去图书城买了百把多块钱的书，反正是关于幼儿那种发育的书，我买了有好几本，只要有自闭症的内容，我就买下来，在里面我就发现了那个 ABC 量表，我再参照那个一看，我的天啦，我说我感觉我的儿子好像都有这些症状。怎么都有啊？我给我老公看，老公也不做声，他也傻眼了。他说这一看这肯定就是这个了。但是自己也不是医生，也不能确认，后来就又选择去了 H 医院……果不其然，典型自闭症，伴随智力落后。医生说"你儿子属于非常典型的自闭症"。就这样确诊了……我原来不住在这里的，就是因为我的孩子得了自闭症之后，得了这个病之后，我就心里难受，打电话给我姐姐，打电话给我姐夫，我就哭啊，我心里不舒服，她就给我接过来了。她就说就跟着我们一起住啊，我们可以帮着带一带啊，我们就这样搬到农村来了，那个时候我就辞掉了工作。

虽然小利自己已经知道孩子可能是患有自闭症,但面对医生的确切诊断还是难以接受。小雅在谈到自己的孩子刚被诊断为自闭症的那段时间,也是用可怕来形容:

> 当时孩子一诊断以后,我就带着他到江边去过一次,准备……(沉默片刻)我在网上一查也觉得可怕,也是因为不了解自闭症,然后我看到孩子的诊断书我就傻了,我说这个我不知道从哪里教起。然后我大概是在家里教了两个月吧,就没什么进展,我自己也觉得蛮累的,觉得好像是自生自灭的感觉,情绪特别低,看不到一点希望。

面对孩子患有自闭症的诊断结果,母亲往往陷入了无能为力的状态,不知道是什么,不知道怎么办,心理上的压力导致她们在很长的一段时间里心情沮丧、情绪低落。一方面这种情绪低落来自于原本对孩子期望的失落,另一方面来自于对孩子未来的担忧。

其中感受最为深刻的小青提到:

> 刚刚开始(诊断之后),一直到现在,还是觉得活得没什么希望,一个家庭希望寄托在孩子身上,孩子还这样了……
>
> 我们死了之后还不知道有没有地方可以接收她,有没有安置她的地方……

然而,面对孩子的问题,自怨自艾的母亲并没有太多的时间去抚平起伏难安的心,她必须马上投入对抗自闭症的战斗中,为孩子安排各种各样的治疗训练以减轻问题的恶化。然而在治疗训练的过程中受磨炼的却不只是孩子,其实也是在考验母亲的忍受度,如小利谈到自己训练孩子的体会:

> 原来刚开始的时候孩子就经常挨打,因为也不太会教,再一个是耐性,主要是耐性,应该说妈妈的耐性是比较好的,但是也蛮有限,因为你总在受挫折……

所以母亲的心情依旧是寝食难安,因为问题虽然是出在孩子身上,受煎熬最多的却是陪伴孩子一路的母亲。总之,很多时候人们会因为情况未明而觉不安,常常满怀希望又常常失望,而等待的过程是如此煎熬,面对的结果又是出乎意料的话,那接下来的日子仍旧是摆脱不了那一颗忐忑的心。

(二)烦忧自闭症

自闭症儿童由于表现出较多的情绪和行为问题,以至于在某些场合的表现会较为突兀,加上也许是孩子的障碍让母亲对于他人的眼光变得较为敏感,因此,母亲对于他人因不了解孩子而对孩子有不尊重的反应时便会觉得气愤。小美记忆犹新地回忆了一段孩子被他人恶劣对待的不愉快经验:

> 有一次因为我孩子喜欢玩那个健身器材,在那里玩那个健身器材,我坐的比较远在那看,然后我孩子就在那个像太空漫步一样的东西旁边,不知道他怎么玩那个东西,荡得非常用力还是怎么样,可能是把旁边的人吓了一跳。然后那个,你也知道有些那种中年女人,说话也是口不择言,然后就态度很恶劣的在那骂我的小孩,说这孩子怎么怎么样。后来我就走过去跟她说,我说我孩子弄到您了吗,她说没有,我说既然没有弄到您,那您有什么事情可以跟他讲,但是您不要骂他,我当时就那样说。……我说我的孩子不懂事,但是如果有什么事情的话可以说他,因为他做错了,可以说对不起,但是请你不要大喊。

小利也谈到一段令人气愤的经验,只是引发这段不愉快经验的人却是与孩子有密切关系的亲人,她说:

> 我孩子,原来小的时候,带到奶奶家去,其实去的很少,他有时候就乱拿乱翻东西,有的时候从床底下什么袋子啊乱七八糟的都翻出来,有的时候脚在地上踩了,也不知道洗,就又跑到床上去。我公公就很生气,那个时候还不是说,说我孩子没有教育好,这个孩子完全是瞎搞。他也不理解,他不明白孩子这个病,看起来也不像个傻子,就觉得没有把他教育好,没有把他约束好。到我妈那里去也是一样,总觉得他害人,对他大呼小叫的。我老公就最受不了,说你妈妈声音那么大,总是"你在干什么,别动"地朝他喊。我妈还经常说我,你总是把孩子跟残疾人搞在一起,越搞越差,你把他跟正常孩子放在一起,不是就越搞越好

了吗？……说的心里好难过，也没有办法。

小静也谈到了公公婆婆在教育孩子的问题上的不理解：

> 公公和婆婆他们的观念就不太好，就是说这样的孩子你就没有必要再花这么多的钱，这么多精力去，因为他们的感觉就是他已经这样了，你再怎么努力，他还是会这样。我当时就说，不会！我的老公就跟他的爸爸妈妈说，"我既然生下这个孩子，我就尽我一切的努力，我努力过了，我老了我死而无憾了，我对得起这个孩子"。我们这样付出全身心的努力，这样对孩子也是有一个交代吧！

虽然他人不能够理解孩子的问题，但身为母亲仍然希望得到他人的理解，特别是亲人的理解，也努力地拉近孩子与其他孩子之间的距离。所以明知道孩子有这样或那样的问题，很多事情不能强求，但看着孩子在发展方面与其他孩子的差距越来越大，又怎么能不心急如焚呢？只是在急躁的情绪下教孩子，一旦孩子未能有预期的进展时，便容易产生挫败感与愤怒的情绪。如小利谈到自己在教育孩子。过程中的体会说：

> 当妈妈就特别容易着急，学不会的时候你就会联想到怎么这么笨，以后怎么搞。就会联想到以后的一些问题，联想到由他这个能力以后的一系列问题，特别容易着急，有时候也会打，也会骂。……我小时候的梦想就是想当一个老师，站在讲台上为人师表，教书育人是一件崇高的事情。到底还是老天眷顾我，给了我一个这样的学生。这个老师太难当了，我觉得自己承担不了这样的重担，真的太难了，这个孩子的问题太多了，很多时候都是束手无策。

同样也感到挫折的小美说：

> 人家说你不就带个孩子吗，要看是什么样的孩子，我们这样的孩子，孩子应该是可以给你带来很多欢乐的，可是我们的孩子大多数给你带来的是苦恼、焦虑和挫折感。烦恼和焦虑都是暂时的，挫折感这是最可怕的东西，这个是很让人真的是，为什么人们会崩溃，就是因为这个挫折感让你受不了。

你看到80%或者90%以上的家长,就是妈妈,只有这么一个孩子,而这个孩子基本上是很小的可能性给她任何成就感。人在不断地面对挫折,今天面对挫折,明天面对挫折,我后天再面对挫折,这个时候她的心理承受能力确实是人们难以想象的,确实是人们难以想象的。

小雅也说:

有的时候教得很多遍的时候,孩子达不到想要的结果的时候,我心理就蛮急的。

尽管在孩子的教育上举步维艰,但是身为母亲的责任又不得不积极地去教导孩子,即使这需要花费相当的时间和心力。长期教导下来,母亲的心情便很容易变得倦怠与烦躁,小美有时候也会有这样的感受:

我相信很多家长都说过这种话,有时候恨起来真是恨不得掐死他,真的有这样一个感觉。……我以前说什么,我老公说什么,把我赶出去什么话,我说你现在只要同意,我可以不带孩子,我拿着被窝我就在我们家楼梯口睡觉,我保证我谢天谢地,我给你磕个头,让我睡一晚上。……很多爸爸都不理解,都说不就带个孩子吗,还愁眉苦脸的……

幸运的是,即使教育孩子的过程中不断地经受挫败与打击,母亲们仍然凭借自己强大的力量和亲友的支持一直坚守在孩子的一方,希望透过自己的努力能够给孩子未来的生活带来些许希望。而谈到孩子的未来,母亲担心的更多是孩子以后的生活问题。

像小利就说道:

我希望我走了以后我的孩子不会那么难受,他会自己解决自己的问题,你不能说我真的有一天不在就把他带走吧,我也没有这个权利去剥夺他的生命。

小静也说道:

还是希望他能够有个可以去的地方,希望能够有个工厂,等孩子长大以后,把孩子收下来,让他们做力所能及的事情,这样我们家长会更放心一点。就是说我们这个路是越来越难走,就是越大越不好办,我们总有一天会有老的时候,将来我们的路会很难。

小青的孩子是个女孩,相较于其他母亲,小青有着更多的担忧:

> 她(小青的孩子)长的蛮胖的,还长的蛮好,个子也高,长的壮,身体也不错,她奶奶就说她,你要是没有这毛病多好。……唉,反正每个阶段有每个阶段的烦恼,大了,来月经了,还要教她怎么搞。青春期了,情绪不好。反正很多阶段都有很多阶段的烦恼,我们都不希望她长大,是的。大了你情绪来了,大人都搞不动了。

养育自闭儿童的漫漫长路有如此多的不安与烦忧萦绕在母亲心头,那母亲是如何地撑过去的呢?又有什么时刻是让母亲欣喜的呢?

(三) 接受自闭症

大多数母亲认为养育障碍儿是辛苦的,但相信孩子有其长处且能进步,则在养育过程中仍可获得乐趣。[①] 所以自闭症儿童虽然经常地给母亲惹来麻烦,令母亲生气、烦忧,然而在母亲的眼中仍然能看到孩子天真、可爱的一面,即对孩子的负面情绪并未磨灭母亲疼惜孩子的那份爱。尤其是当母亲谈到孩子天真的模样时,感觉亲子间的情感就在彼此的对话间流露着,如小静笑着叙说她和孩子之间的故事:

> 你看我去买菜,我去买菜到超市去,他会跟着我,他推车子,我就不推,他也不会跑,他就站在那里。等你买完菜他就推着车子,他好像我的一个帮手一样,我现在不认为他会拖累我,反而觉得他是我的一个帮手。我随到哪个地方他也不会丢,我的东西他也不会丢。有一次我的钱包掉了,我在前面走,挽他走他也不肯走,就啊……啊的,他又不会说,但是他知道妈妈钱包掉了。……所以说我们的孩子怎么说,长大以后我反而觉得比以前还好带了……

同样也是享受在亲子间快乐对话的小利,她还会偶尔向儿子撒个娇来引起儿子的关注,她说:

[①] 黄璉华.生育先天性缺陷儿对家庭的影响[J].中华公共卫生杂志,1995:299-313.

> 我有时候就对我儿子说,凭什么老是要我关注你,你也要关注我们,我说妈妈腿受伤了,你快拿药来给我擦点药。他就去拿棉签、拿红药水啊,我就假装把蚊子咬的疤给他看,"哎哟,好痛啊,你给我擦一下。"这种假装,让他对我作出反应。

小青也谈到了孩子表现出的可爱的一面,难得的使我看到了她脸上的笑容:

> 我发现我的姑娘也有这个问题,非要爸爸妈妈在一起。有时候我在外面,她非要把我拉进来,和她爸爸坐在一起,她心里好像知道我们三个人是一起的(笑)。她爷爷奶奶还说,你还知道你屋里三个人,还拉到一起坐,所以有时候他们心里蛮有数,但是表达不出来。

的确,自闭症儿童会给母亲带来很多的烦忧与苦恼,但并不表示自闭症儿童母亲就应该在烦忧与苦恼中越陷越深。她们在辛勤养育孩子的过程中也获得不少的乐趣,或许正是这份乐趣的存在,让她们看到了阴霾天空中的一丝亮光,减轻了她们所受到的苦痛折磨,才能够整理心情再次出发继续未来的路。

总之,自闭症儿童母亲从觉察到孩子有异样并紧接着去寻求问题的源头开始,心情便一路跟随着孩子的问题而起伏难安,即使在得知诊断结果后,最初的疑惑仍未得解,仍然不知道为什么自己的孩子会患有自闭症。对于孩子的问题,母亲希望能够获得他人的理解,而不希望孩子因此受到排挤或歧视,当他人因不了解孩子而对孩子有不尊重的反应时便会觉得气愤。若是身边的亲人对自己或孩子表现出不理解时,母亲们则会更加地伤心难过。此外,母亲虽然知道孩子存在很多的问题,很多事情不能强求,仍然会努力对孩子进行教育训练,以拉近与其他孩子的距离,只是当孩子一直未能有预期的进展时,心中的挫败感与愤怒的情绪不免爆发,更是对孩子未来的生活和归属感到忧心与烦恼。但是因为孩子而产生的那些负面情绪并未磨灭掉母亲和孩子之间相处的那份快乐,尤其是当母亲与孩子之间产生了良性互动,体会到孩子隐藏在心中对自己的爱和依恋,心中便足以感到欣慰与甜蜜。所以说自闭症儿童母亲这一路走来所感受到的是百样滋味绕心头。

二、自闭症儿童主要照顾者与孩子的人际互动体验
——跌跌撞撞向前行

教养孩子本身就不是件轻松容易的差事,尤其是特殊儿童的教养更是比普通孩子辛苦。孩子在不同的阶段照顾者所面临到的问题也不同,该如何去应对,对于照顾者而言是一大挑战。自闭症儿童在语言、行为和社会交往等各个方面都存在不同程度的障碍,从早期的干预到正式进入学校的学习,孩子要学习的不仅是生活能力的课题,有时也会存在人际交往上的压力,而身为自闭症儿童主要照顾者的母亲如何与孩子互动?曾遭遇什么样的困境?母亲又是如何去摸索、调适以教养孩子的呢?本主题便将以"教养的挫败"、"心态的调整"两个次主题,来描述自闭症儿童主要照顾者在教养自闭症儿童时的亲子互动生活经验。

(一)教养的挫败

自闭症在中国被大家所熟知还是近几年的事情,相关研究还都处于起步阶段,针对自闭症儿童的教育训练也没有一个确切的定论,而关于自闭症的成因更是没有一个准确的答案。当自闭症儿童母亲得知孩子患有自闭症后,根本无法得知到底是哪一方面的功能出现了问题,不知道孩子的问题可以如何来改善,不知道自己的孩子为什么跟别人不一样。因此,她们在教养孩子上所面临的最大困境就是"不知道要怎么教"。如小青说:

> 根本不听你的,不听你的,不听指令。你叫她搞什么她不搞,她并不是说不听你的,因为她不懂。说的她不懂,所以她就不照你说的做,当时没确诊这毛病时,觉得她怎么这个样子,带她很累,教东西也教不进去,在家里,教不进去的时候也懒得教。

小利也说:

> 就自己在家里教,但是不会教,不知道怎么下手,你喊他他也不理你,你叫他坐他也不坐,他也不看你的眼睛。我记得小时候他不看我的眼睛,我就去看他的眼睛,他把头一扭,他不看!他可能觉得我蛮讨厌的。(笑)

尽管自闭症儿童母亲会尝试各种方法来教导孩子,但是在孩子完全没有反应或看不到进步的情况下,母亲还是会用打骂的方式解决。虽然她们知道这种方法不好,但有时候脾气来了也很难控制。如小利就说:

> 刚开始的时候孩子就经常挨打,因为也不太会教。……后来的时候,长大了一点自理也强了……打也是不太对,也不是最好的办法。

小美在访谈中一直强调应该给孩子尊严,谈到她打孩子的一段经历更是哽咽落泪:

> 其实还有很多的东西,比如一些什么,跟你讲说我也有很疯狂的时候,也有很绝望的时候,很歇斯底里的时候,然后也有让我很后悔的东西,我也会打我的孩子,甚至是我认为不该去打孩子,却打了他,这种事情有时候会有,就是让我觉得很惭愧,非常后悔。我就是第一个我觉得非常自责,我有一次去打他,因为当然你就是说,你可以想象之所以在很疯狂的时候,就是肯定他的很多东西让我难以接受,那个时候我去打他,但是我记得他是,他是,你知道他的自理能力很差,他的大小便都不能自理。然后,然后有一次实在是忍无可忍了,然后当时给他换裤子时候,我真是受不了他,就给他换裤子的时候,裤子脱下来,就去打他的屁股,然后他就很惊慌地去躲,然后当时他光着屁股去躲我的时候(稳定情绪,沉默),那个时候我就想到了尊严。我,我记得我最早的时候,最早跟一位自闭症老师接触的时候,我就说过我一开始就接触到这位老师,这位老师就问过我,你希望你将来孩子过怎么样的生活,我说,我希望他有,他有尊严,那时我最初说了这句话,我后来就在想,当我这样去做的时候,他的尊严在哪儿,我都不能给他尊严,那么我还期待谁给他尊严。

所以整体而言,自闭症儿童母亲在教导孩子上最苦的是不知道该怎么做。当尽自己所能仍无法改善孩子的状况时,有时候也只能靠打骂来发泄心中的无奈。但是最后她们又会后悔自己的行为给孩子所带来的伤害,于是在不停的挫折和反省中,她们也只能不断调整自己的心态来重新思索当前的困境。

(二) 心态的调整

本研究中的自闭症儿童母亲在教养孩子上虽然遭遇了相当多的难题并且屡屡受挫,但所谓的"山不转路转,路不转人转"。即自闭症儿童母亲在尝试付出很多努力之后,孩子的问题仍然没有丝毫瓦解的迹象,这样的结果使得母亲不得不重新检视并学习去调整自己和孩子互动时的心态。像小美所说的:

> 即使他有缺陷,那么他的能力范畴之内,你不要要求得他太高,你平等地对待他,你把他当做一个普通的孩子来看待,他的智力水平有多少,你就用对待多大孩子这个态度来。你想象一下,你会对一个正在吃奶的孩子去提很高的要求,你会狠狠地去骂一个在吃奶的孩子吗,任何人都不会,你会去使劲拼命打一个一岁的孩子吗?你不会吗!那你就想你的孩子的智力水平有多高,他现在能够达到一个多大孩子的水平,那么用相同的态度去对待他。我经常跟我孩子讲话,到现在我自己让他去注意自己的问题,注意对孩子说话的口吻,注意对孩子说话的口气,××请你帮我做什么,你跟妈妈做什么,求求你帮我做一下。哎哟,你打痛我了,妈妈好痛,你帮妈妈揉一下吧,会用这样,就是说,会尽可能地,他也觉得妈妈也会跟他有很多很相同的反应。

小静也谈到家长的心态会影响孩子的表现:

> 家长轻松,给她一个轻松、宁静、愉快的环境,孩子也会感到宁静,他的负面影响就会很少,否则负面影响就会很大很大。

小美也谈到自己心境的转变:

> 我现在的前提不是首先是孩子,首先是我自己能好。我能好才能够,因为如果说我好的话,我就有心情啊,任何时候都可以给他笑脸。我觉得任何时候我都希望给我孩子一个笑脸,但是这个真的是做起来很困难的。我尽我最大的可能保持我的笑容,这个就是我尽力做到的事情,但是很艰难。所以我现在的观点首先不是孩子好,而是我自己好,我希望我自己好。

母亲除了调整自己和孩子互动时的心态与方式外,对于孩子的期许与努力实现的标准也都必须跟着做出一番改变。就期许方面,每个母亲对于孩子在最初之际总怀有一份特别的期许与梦想,然而在得知孩子患有自闭症后,不断地尝试,不断地失败,这份特别的期许总难免有所改变,像小静谈到对孩子的期许就说:

> 对他的未来我就是想通过自己能穿衣、刷牙、洗澡会做一些他力所能及的事情,洗刷、休息、扫地、拖地。我的目标就是希望他自己洗澡、自己能够抹桌子、自己能够做些家务。然后最大的心愿就是希望他能和别的孩子,将来住在一起的时候能够和别的孩子相处得很融洽。别的我不奢望,学业上面我没有什么要求。最实惠的还是一些社会性的行为,就是这些东西,因为我的孩子水平在哪我知道嘛。比如今天洗澡他自己可以洗完,学会了,然后我就可以教别的东西,慢慢地一项一项地来,自己会做了就好。这种生活自理,以后到福利院的时候都是基础。这个基础你不打好的话,将来怎么办。人家好的孩子可以说文化课也可以跟上的孩子,但是像我们的孩子你应该清楚到底是哪个层次的,哪个阶段的,这个是家长需要把握的东西。

小美也谈到自己对孩子期望的变化过程:

> 特别是我觉得比较艰难的时候,是第三年第四年吧。那个时候是很艰难要接受一个孩子那种状态的时候,之前的时候是会有很多的希望的,渴望有很多的变化在内的。当第三年第四年的时候,你就不得不面对事实,他就是这样子……现在在学业上面肯定不希望有什么发展,但是能够稍稍在生活方面能够学会一点自理……这已经是我所能够想象的最好状况了。

小利也说:

> 我对孩子的期望不高,原来期望很高,现在我已经降低了。我对孩子的期望就是他能够生活自理,我现在的目标就是要培养他,首先要自我服务,然后能够最起码遵守社会基本准则。……因为他的程度我觉

得是不可能参与社会活动的,要他挣钱那肯定是不可能的。如果有庇护工厂,他能够大概可以做一些事情,在成人的庇护下,做一些手工,做一些整理这个是有能力的。但是排开这一块呢,我希望他在生活方面能够自理,洗衣做饭,自己能够把握自己的生活状态。

在自闭症儿童的教育方面,母亲从累积的经验中已逐渐了解到教育内容应该是契合自闭症儿童现实生活需要的,而不是要教广泛的知识。如小美在谈到自己的认识时,说道:

> 我记得最早的时候,跟孩子的特教老师谈了一个问题,当时是教很多的孩子,当时教一个什么,因为我孩子字词这方面很欠缺的,然后当时就教一个扇贝,就是海边那个贝壳什么东西。后来我就跟那个特教老师谈,我说其实孩子他能够坐下来,去接受教育是很不容易的,自闭症的孩子接受教育很不容易的,其实这个时间很珍贵的,他能够安静下来听你教育是很珍贵的时间。然后就说是一个什么问题,你去教这些东西,比方说他连生活中的杯子什么东西,这种衣服啊、裤子啊、鞋子啊什么还没有弄清楚的时候,你去教这些东西贝壳也好,扇贝也好,其实你去想一想,意义大不大……

然而从积极面来看,母亲也会在挫败的经验中学习到一些较适合孩子的教育方式,对于孩子的要求也会适时调整,像小青谈到对孩子的要求只是指望她以后能够生活自理就行。孩子目前在辅读学校就读,小青只希望她每天在这里开开心心上学,并没有说要个什么样的成绩出来,于是在家里逐渐很少去刻意训练孩子的什么能力,只要她开心就好。

罗国英认为母亲的期望与其亲职压力及亲子冲突知觉有着相当显著的关联[①]。从自闭症儿童母亲的经验来看,当母亲将自己的心态和对孩子的期望标准做了一番调整后,也会逐渐地发现,孩子的问题虽然依旧存在,但看起来似乎已不是那么重要,存在于母亲心中那份不知道如何教导的障碍也

---

① 罗国英.母亲教养期望与亲职压力及青少年亲子关系知觉的关联[J].东吴社会工作学报,2000,6:35-72.

逐渐地淡去,亲子间的关系也不再经常紧绷。小美就感受深刻地说:

> 我也不想给孩子太大的压力,目前以他的年纪不太能够接受那么大压力的训练,所以我就说对他的要求不会特别高,这样相应来说,其实老公有时候也可以帮助一些,我们也有一些时间做缓冲……

可见母亲在教养自闭症儿童时,若能在心态上、对孩子的期待上能先有一番调整,则孩子的自闭症所造成的教养上的冲击就会减轻很多。

总而言之,面对自闭症的孩子,母亲在教养上除需花费较其他孩子更多的财力和心力外,更困难的是不知道该如何去教导自闭症儿童。母亲努力地尝试各种方式对自闭症儿童进行干预和训练,不可避免地出现打骂的方式。幸运的是,自闭症儿童母亲都能认识到打骂的方式并不是长久之计,唯有不断调整自己与孩子的互动方式,调整自己对孩子预设的期望和标准,才能在与孩子的互动中建构良性的循环。当母亲将自己的心态和对孩子的期望标准、互动方式做了一番调整之后,虽然孩子的问题依旧存在,然而对于母亲而言,那份障碍已逐渐淡出。转个弯,会发现未来的路更加的宽广,孩子的进步空间更加扩大,所以说自闭症儿童母亲在教养孩子的路上是在跌跌撞撞中向前迈进的。

三、自闭症儿童主要照顾者与他人的互动体验
——积极沟通得资源

身为主要照顾者的母亲对孩子的教养与要求虽然在亲子互动中不断地调整、降低,但这并不意味着母亲已逐渐放弃自闭症儿童。事实上母亲仍然四处努力地寻求可以帮助孩子成长的资源,同时也努力地为自己和孩子争取多一点的社会支持。不管是在家庭中或者家庭之外,母亲是如何利用身边的资源,与周遭的人们是如何互动的呢?感受到的经验又是什么呢?本主题即以"家庭内积极互动"和"家庭外寻求资源"这两个次主题来描述母亲生活经验中的人际关系,并诠释这些互动历程对于自闭症儿童母亲而言所隐含的意义。

(一)家庭内积极互动

在访谈的六个家庭经验中,虽然都是母亲作为主要的照顾者,但父亲均

扮演着主要支持者的角色，为母亲对儿童的教养提供了坚实的后盾。如小美说：

> 我们家那个基本上是我经常是怎样，我哪天什么时候想出去玩的时候，然后就把孩子扔给他，然后自己就跑掉了，然后这个时候就感觉他作用挺大的。

每次当小雅在教育孩子的过程中由于急躁想要放弃的时候，丈夫就一直鼓励她坚持：

> 急躁的时候他爸爸就是安慰我，他说："可能你还是没有达到量，可能你的付出他还是没有感受到。"他总是这样说，"说不定你最后试一次就点燃希望了"，他就又这样讲，他说"你哪怕做了一万次，或许就只是差这一次"。

问到小孩的爸爸是否承担教育任务时，小雅说：

> 没有管过，基本上没有要他管……像我今天出来吧，跟他说那个暑假作业你照顾一点，看着一点，你教他做多少页多少页，然后你就盯住呗，他就这样子，起个监督的作用。

小慧在谈到丈夫的支持的时候一脸幸福的表情：

> 尽管就是说他不管小孩，也不是不管，他在外面赚钱，回来也有，反正回来的第一件事就是……很宠爱地这样喊他（小孩），他就喊他直到小孩答应……他就这样的。回来每次都喊，还是喜欢他，才这样喊。反正我们家庭跟别人不一样，别人有的亲朋好友觉得我们活得很累，但我觉得还是比较幸福的，我是这样想的。在这个时候都不离不弃吧，是不是？老公对你怎么怎么样啊，你不跟他再生了，他也没有什么意见，是不是！

从访谈的几个母亲的生活经验中来看，对于孩子的教导责任大部分仍是落在自闭症儿童母亲的身上，而先生只是偶尔甚至很少实际付诸行动去教导孩子或分摊孩子的照料工作。像小青谈到：

>她爸爸有时候也搞(孩子的学习照顾之类),我说他他就搞。

小静也说:

>我老公就是说一个人赚钱,一直以来都是他赚钱,我带孩子,我们两个就是这样。

但是,并不是所有的父亲都能够完全敞开心胸的接纳自闭症儿童,有些父亲只是迫于责任不得不承担起养家的重任。

像小利就叙说了一段她丈夫与她的对话:

>你像我老公就有抑郁症,昨天还喝酒还跟我说,他就说,"我说句内心话,其实我一点都不喜欢这个孩子,但是我佩服你,你看到这样的孩子你还蛮高兴"。他说,"我一点不喜欢这样的孩子,我是没办法,我是做父亲的一种责任。……对社会也没有贡献,他还让我一身的包袱,我一点都不想过这样的生活,我一点也不想过,我已经完全没有自己了,每天上班回来还要做饭,做饭给你们吃,挣钱也不多,生活压力也很大,然后我就觉得,生活是没有希望的,一点希望都没有了。要是个正常孩子我还有点干劲,还要去奋斗一下,现在我一点动力都没有了……"

而作为家庭主要纽带的母亲,在兼顾母职的基础上,还必须承担联系孩子与父亲之间的桥梁,不仅要在尊重和理解孩子父亲的基础上达到更好的交流和沟通,还往往承担更大的照顾自闭症儿童的压力,希望透过儿童良好的表现来缓解孩子与父亲之间的紧张气氛。

像小静就讲道:

>他(小静的丈夫)刚下班回来,他看我带孩子很辛苦,他会洗碗、做事、拖地,这样的事情他就全部做了。他在外面辛苦,但是他会帮你分担一些东西,还是有的父母离异的还是有,我就觉得这是靠我们来维系家庭,母亲那个角色要拿捏得好,要调和。……像我老公在单位,我就不太,从我内心来讲,我就不太愿意让别人知道他有这样一个孩子,这样的话,别人会攻击你,有,还是会有,但是怎么说社会上,我们管不了,但是我不会给我老公太大的压力,我很注重各方面,很注重他的感受,

也很注重这方面的事情,想想也可以理解吧。

小美在谈到丈夫对孩子的教育也说:

> 他爸爸没有办法的时候,就拿一个衣架或者拿一个什么吓唬他,"你再说,我就打你",态度稍微会强一点,反正爸爸带起他来也不算是,反正不算是很容易。爸爸基本上就是说,爸爸一般的话在家里,或是去我妈妈那里。基本上他爸爸就是很不愿意尝试去在户外去带他。或者去别的场合带他。我想这里面可能有两个原因:一个觉得自己很难控制,觉得可能控制不住;第二个可能说实话带这样的孩子,男人可能会觉得很尴尬,他会有很多那种的异常行为。你像我们老说像我这种永远当自己没长眼的人,所以任何状况我都应对自如,但是可能对爸爸来说,这可能是一大挑战,这个东西也是可以理解的,一个大男人带一个孩子,完了之后孩子怎么哭得闹得什么行为,什么事情的话,我觉得可能这些爸爸他面子上也确实比较艰难,可以理解。虽然对此我希望他爸爸不要这样想,如果他的爸爸能够带他的话,有更多的场合都可以去,但是这个也是我这样讲,也并不会过多干涉。

小雅谈到了自己平时怎样去帮助丈夫建立对孩子的积极心态,说道:

> 我其实说实话,夫妻之间是需要调和。有时候我帮他们老师改卷子,我就把最糟的卷子交给我老公改,就让他给改一下。然后他一改,一比较,发现我家孩子写的字还是蛮好的,他心态就好些了。

可见,自闭症儿童母亲虽然独自承担了照顾孩子的主要责任,但是丈夫的分担也在一定程度上减轻了母亲的压力。而有时候丈夫对孩子产生的负面情绪却也一定程度上影响了家庭的和谐,母亲在家庭关系中的调和则为确保一个完整的家庭和一个和谐的家庭氛围提供了保障。

(二)家庭外寻求资源

母亲在面对特殊儿童的特殊需求时,必须扮演多重的角色,包含孩子问题的发现者、儿童认知能力发展的引导者、学习上的教育者、生活上的支持者、与他人相处的沟通者以及争取儿童权益的代言者等。特别是在当前自闭症诊断还不十分发达,自闭症教育还未完全覆盖的情况下,自闭症儿童的母亲一直充当着自闭症儿童保护伞的职责,发现并判断其问题,对其进行干预和训练,照顾其生活,引导其与他人交往,为其发声争取权利等。因此,只要是母亲听说哪边有资源可以协助孩子或对孩子的学习有益处,便会积极地去了解并寻求协助。正如福里克(Falik)所指出的,承认某些问题的存在,且扮演积极去寻求协助的人,通常是"母亲"[①]。

小美以前对自闭症毫无概念,自己的孩子被诊断为自闭症的当天,听说广州有一个交流会,当即决定放下工作,连夜坐火车去广州参加了交流会。说到这里的时候她表现得很轻松,但是当时的心情想必是五味杂陈吧!

> 2005年3月23号这个很清楚,印象太深了,那是星期四,记得很清楚,星期四早上没课,跑去了,跟老公一起去。诊断以后下午有课,把诊断结果一拿,然后回家上网一查,然后下午有课,拿了医生的诊断书直接到我们校长那里去了,说这个,我说可能后面的课你别指望我上了,然后校长说怎么了,然后我给他诊断书,校长看了以后也很茫然,也不知道是怎么。但是他可能从我的状况能够看出这个很严重了,他就说别担心,你先该干吗干吗去。然后我就把我的课一安排,跟班级说你们的课我上不了了,你们自己想办法去,我说我上不了了。当天晚上就走掉了,因为当天晚上正好有一个××特殊孩子俱乐部,然后他那边正好办一个自闭症的交流会,然后晚上坐火车去,当天就走了,因为正好是礼拜五要开始,礼拜五、礼拜六、礼拜天三天在那儿开。然后我就,所以星期四晚上我坐火车早上到广州,立马到那个会场。会场上我什么都不懂,然后也不知道该听谁的,也不知道谁是什么专家,什么都不知道,然后也挺搞笑的。听了一堂课,我也听不出什么名堂,完了之后就在那边,课间就开始在那边转悠,转悠就看到一个爸爸跟另外一个男人就在那里谈。听那个爸爸说,给我的感觉就是这个爸爸很优秀,很负责任的一个爸爸,他呢也是做了很长时间,然后听另外那一位好像是挺专家的

---

① Falik,L. H.. Family patterns of reaction to a child with learning disability:A meditational perspective[J]. Journal of Learning Disabilities,1995,28:335-341.

那种感觉,然后就听,然后就一边听,一直就打岔,问几个问题啊什么之类的,完了之后,是很好,但是是什么呢,我遇到了谁呢,我遇到广州那边自闭症康复最著名的Z老师,后来又跟他详细谈了谈,心里才有了一点点底。

小静在得知自己的孩子是自闭症后,从没出过远门的小静独自带着孩子去到外地的康复机构训练了一年。这一年不仅是孩子接受训练的过程,也是小静积极吸收知识的过程,为的是能够给孩子在家里提供更多更好的干预训练。

青岛我是一个人去的,我就是在网上一看,看了以后,然后在地图上一看,我去不去的了。他爸爸就是在我去青岛的时候,就站在站台上面,号啕大哭啊。我就是说你怎么哭了呢,他说"你从小市都没有出过,你现在跨省",我说"跨省怕什么,我在网上查得清清楚楚的,我下车买地图清楚的不得了,我一看坐什么车坐什么车可以到,问一下别人,直接就去了。"他说"我真佩服你,就这样明目张胆地去,你也不怕别人不收。"我说"我在家里再待下去要疯了,我就去了,我就是跪下求别人,我也要赶快把孩子送过去",那个心情就是没有地方可去,没有一个好的指导老师来指导我的孩子,没有一个好的训练计划,我们家长都失眠,觉都睡不好……

我从那边学了一年之后,因为我们要参与那边的学习,我学了很多东西。学了很多东西之后我就自己在家里教,我把我家一个房间20个平方腾出来,我教跳爬,然后上午半天我就给他一个文化或者游戏什么的,下午就是一个体能方面的训练……

我们家长有什么书,当当网上有什么书,我们就买下来看,看了以后往孩子身上靠,就是我们也是学习。有的东西一遍,真的有的时候一本书一遍不行两遍,两遍不行三遍,有的时候甚至我们都可以把它背下来。有的书,我们把这个一看,孩子能力优点缺点我们看不到,根本看不到后来,真的是我们考大学都没有这么努力,这么用心,没有过从来没有……

小雅起初并不知道自闭症是什么,孩子诊断为自闭症后,由于信息的缺乏,又不想病急乱投医,于是到处打听,希望从其他家长那里获取一些有用的信息。

本来那种钱也不是特别多就怕病急乱投医吗,就到处打听啊自己买书看啊,买书看的时候实践不行,因为光那个书上写的你也不知道怎么下手啊,就是还是不行吗。然后就去到处打听啊,谁家有这样的孩子啊,谁有这个方面的经验啊,包括我都去看了。然后我去看的时候呢,别的训练肯定是一对一,肯定不会让你进去看吗,我只看到他们在训练,我就问那个家长,就有那个家长在里面观看。我就找了几个家长,谈了谈孩子的训练,问他们的孩子有什么进步,因为我去的目的,我去哪里就是交钱,我就想就是我能学什么,我能学到什么,问题是我能学到什么。因为当我真正发现自闭症这个东西,可能不是一年半载可以搞好的,可能是一个长期的像一个工作一样的,然后我就觉得我要学更多的知识来教育我的孩子吧,我就觉得要去问别人的家长,到处找啊,然后那个时候还没有什么钱嘛,然后上半天的训练班,早上九点去嘛,下午一点钟就回来了,我就是这样教他……

为了更好地照顾孩子的特殊需求,小雅四处奔走以诚心换取了孩子进入普通学校就读的机会。但即使是这样,小雅也并不能省心,因为她必须陪读以确保孩子的安全和避免对他人的伤害。

我们每天就,我就在学校里上课,然后中午就回来吃饭。把他带回来吃午饭了,又把他带去上课,一直等到放学然后又把他带回来,然后回来又学习。

我一天到晚,而且白天在学校里抓得更紧。因为你怕他在学校里出什么状况啊,会影响别人啊,就是怕他影响别人,他就是老是出状况啊,怕老师对他印象不好啊,就是怕不要他啊,像我们这个孩子就是说随时都是盯紧,然后他走那我就去哪。他去厕所,我就在厕所外面等,他一会儿不出来,我就要在外面喊。他喜欢玩水,所以在学校里我都盯着,他搞卫生,他拿扫把,我就跟在扫把后面。

为了让孩子能够有个更好的环境,也能够确保孩子的权益能够得到基本的保障,小静加入了学校的家长委员会,经常来学校转转,听听课,不仅与老师建立了良好的关系,还为其他有类似处境的家长提供了帮助。

小美也经常利用接孩子的机会去主动了解孩子在学校的表现情况,并借由和老师之间良好互动来共同商讨孩子教育的问题,她提到:

> 包括那天G老师有问到,希望在课程上面有什么样的新的建议没有,我就提了这个建议,我就说,学校里面时间也是比较充裕的,我说其实可以让他们去完成学校一些力所能及的。比如说该去摆桌子,该去扫地了,该去擦黑板,或者说什么,睡午觉该去铺被子的,该去抬床这些东西都是我觉得他们能行的。孩子已经不小了,力所能及的事情如果能够做,那是更好。因为这是他的学校里面的流程,我不可能去教。所以说,我说这些东西,如果你们能够参与到课程里面来的话,我觉得也挺不错……

小利的孩子并没有机会进入普通学校和辅读学校就读,但小利并没有放弃为其寻求合适的资源。

> 这几年我们一直在诉求,通过孩子4岁开始,已经第四年了,有的孩子家长已经诉求了八、九年了。我们每年的两会都要请假找政府的单位,教育局、政府办公室啊。给这几个地方都写过信息,发过邮件。反正是能找的地方我们都找了。(沉默片刻)但是也看到大部分的孩子都在家里闲着没地方去。……虽然诉求没有结果,但这几年我们一直在搞这个事情,一直坚持在通过各种渠道来表达我们的一种诉求。……然后就感觉这样下去也不是办法,我们有几个家长又联合起来成立了一个小型康复机构,家长自己带孩子。

后来小利的康复机构也没办法维持下去了,孩子又开始待在家里,但小利并没有放弃继续寻求资源,继续为孩子谋划未来的决心,希望通过自己的努力能够为孩子开拓出一片广阔的天地。

> 我老公跟我说,我们以后要是不在了这个孩子怎么办呢?我说,你

放心我死之前肯定把他安置好,我说我一直的目标就是这个。所以我现在也是在不断地,第一个方面是诉求,第二个是寻求社会的关注。前段时间也是一个媒体介绍了一个××基金,我们就想把它建立起来。因为我们没有钱,先把它建立起来之后呢,我们成立一个公益性的,挣点生活费,然后再联系一些资金啊,解决一些问题,多解决一点,我就是想做这样的事情。我已经把计划都讲了,预算啊什么的。反正还是要有关注,不知道这个事情能不能做成,要资助。作为妈妈吧,我也是尽力去做这个事情,我不喜欢坐以待毙。

自闭症儿童的母亲之所以愿意积极地向各方沟通以开启资源流通的管道,这其中渗透了很多母亲的期许、坚持与责任,希望自己的孩子能够过上幸福快乐的生活。夏皮诺(Shapiro)等人认为特殊儿童母亲的社会支持越多时,则越少感觉到抑郁,对于特殊儿童的态度也会越来越正向。[1] 自闭症儿童的母亲在寻求资源来帮助自己孩子的同时,也在寻求更多的社会支持。而她们正是在寻求资源的道路上,因为感受到有他人的协助与支持,才得以对孩子不放弃希望。

如小慧就很感恩地说:

搞了一年多,在他们那里,进步挺大的,我真的挺感谢××老师,再就是××老师他们几个……特别有爱心,体谅家长的苦衷。

小利同样深有感触地说:

他人就非常好,他人非常有爱心。然后我就对他说了我的情况,说了我的孩子的情况。那时候他那里大概一千三四百块钱,一个月。他说你这个情况不必来我这里每个月训练,你就每周来一次,就做一个培训吧……他好就好在,那个机构不像别的机构培训完了之后就行,他让我看给我儿子做训练的东西。看的时候根据这个孩子的程度把他的训练计划写好,这一周你回来训练什么东西。这点是特别让我感动的。

---

[1] Shapiro,J.,& Tittle,K.. Maternal adaptation to child disability in a Hispanic population[J]. Family Relations,1990,39:179-185.

所以现在我们跟××老师都是好朋友。

除了专业人员的帮助外,有着相同经历的家长往往也是提供支持的一方。小美在谈到一位同是自闭症儿童的家长给其提供的帮助时说:

> 一个贵州的妈妈然后在这边前几年的时候在这边干了两年,后来又回去了,然后那个妈妈挺优秀的,她的孩子程度也不算低,然后当时我就很希望,就是说跟她接触很多,我也期望能够就是说,从她的那条路能够让我找到更多的东西帮助我的孩子。

这些妈妈们经历过艰难困苦的时期,而在这些时期里,他人的帮助或榜样的作用为她们减轻了许多的压力,也使她们感受到"人助"的重要性。也因此她们想要将自身的经验分享出来,以帮助有类似经验的母亲,小雅说:

> 对,其实我说实话,其实我也蛮想象我们这边有很多家长,就是很支持我们,要是在各个方面条件具备的话,我蛮想办一个这种机构。现在这种机构并不多,当然并不是要收多少多少钱,我就是希望,就是说什么呢,能帮助特别是那种蛮穷的家里,其实主要是说这个机构能维持就行了,然后有这些相关的爱心的人士就是说像那种志愿者一样的,包括我也是其中的一分子。我就是说,其实说实话,只要我的孩子,就是不需要我的时候,我愿意去帮那些家长。这个即使没有多大的场地,我会教他们,就是我的经验这一块,就是说不是非要说收费。

总之,为了孩子能够得到最好的干预和训练,母亲不仅积极地去沟通以求得支持,更是不辞辛劳地四处奔波寻求资源,只要知道有什么资源可以帮助孩子,便赶紧去沟通、开启。甚至是没有条件创造条件也要为儿童的干预和训练铺平道路。在家庭中,虽然母亲是主要的照顾者,但是父亲往往也提供较多的支持以帮助母亲完成教育子女的任务,但是这种支持更多地表现在提供经济支持和与孩子游戏的过程中,实际的教育责任则全是由母亲来完成。并且在这样的过程中,母亲还必须照顾到父亲的情绪,以调和家庭的矛盾。在家庭之外,为了更好地促进自闭症儿童的发展,母亲也会积极地与学校和老师保持联系或投入到学校的服务当中,为了更好地为孩子的将来铺路,也会积极地寻求专业的支持和帮助,寻求社会的关注,为自闭症儿童谋求更多的资源。在这一路寻求资源的道路上,母亲们皆受到不少人的协助与支持,尤其感谢的是那些老师们,以及给予她们重要信息的相同经历的家长。母亲们正因为被助,所以更感受到"人助"的重要性,也因此希望将自己的经验分享出来以帮助有类似经验的母亲,希望自己这份小小的力量能帮助更多还在迷途中的母亲。

四、自闭症儿童主要照顾者的生活空间
—— 牺牲自我守小家

家对于自闭症儿童主要照顾者来说到底是个什么样的空间呢?自闭症儿童主要照顾者除了忙于工作和家务之外,大部分的时间都几乎给了孩子,为孩子的生活打点、为孩子的训练发愁、更为他们的未来烦心。很少能有属于自己的时间和空间。这样的生活经验对于自闭症儿童主要照顾者而言代表着什么意义呢?而又是什么力量在背后支撑着她们紧守小家并且心甘情愿地为孩子付出呢?本主题以"身陷家中"及"心系家人"两个次主题来说明自闭症儿童主要照顾者身处于家中的生活空间经验。

(一)身陷家中

家是母亲和儿童最重要的生活空间,也是母亲对外互动的出发点,只是身处于家这个空间中,母亲不但身系整个家庭的经营之责,还需背负上教育自闭症儿童的责任。而这种教养孩子的责任被认为是为人母的重要角色之一,即便是在提倡男女平等的今天,父母亲职实际上仍停留在传统的性别角色分工形式。所谓的男主外,女主内,男性担任着赚钱养家的主要提供者,家中的家务、孩子的教养仍大多由女性来负担,先生仅居辅助地位。只是现今的母亲所担负的往往不只是家务及孩子的教养责任,若其能力所及又有工作机会的话,母亲仍会像男性一样走出家门,不辞辛苦地投入工作,来分担家庭的重担。

例如本研究之中的小美说:

因为说实话,家里能赚钱的,经济来源主要还是依靠他的。因为这样的孩子的话,我相信你接触过很多,经济压力对我们每个家庭都是非

常非常大的。我们差不多都是五年多了吧,五年多这种经济上面的负担确实是蛮重,所以基本上我也就想爸爸就是赚钱,基本上带孩子这方面都是我自己来。再加上单位比较照顾嘛,单位对于我的状况很熟悉,所以蛮照顾的,就基本上我有课就去,没课开溜,所以一般基本上就是我早上就去先把孩子送过去,送过去完了之后,回来之后再去上课,上完课然后晚上的话就是我请了一个伯伯,然后晚上帮忙我去接他。

除了分摊家庭经济重担外,自闭症儿童母亲仍然和传统女性一样,理所当然地担负起了孩子的教养责任,就像小利所说:"我的一生都是为了我儿子。"也正如小静所说:"毕竟我养了这个孩子……我觉得就像我的座右铭一样,我们努力过,我们没有遗憾,就是这样一回事情。"

虽然母亲自认为有照料孩子和家庭的职责,但长期的付出有时候也会让自闭症儿童母亲很想卸下职责来喘口气,特别是在不断地经受教育孩子的挫折后,母亲们迫切地感到压力到了顶点,用小美的话讲就是"崩溃":

> 我经常就是这样,自己一个循环,一段时间很恶劣,孩子表现也很糟,自己表现更糟。然后当自己发现自己接近于一个崩溃的时候,自己就会告诉自己说你等等吧,你所有这些疯狂的表现都没有任何意义,然后你就自己觉得先歇一下,歇一下之后再来想想可以做什么,然后再来做,就会发现你再来做事,你的情绪会好一点,孩子也稍微好一点。好一点以后,然后过一段时间你又会变得崩溃,就是属于这种。

小美有自己的工作,因此在协调工作、照顾孩子和家庭这两者之间,小美也往往会遇到很多问题。幸而小美的领导给予了很多的支持,使其能够很好地调和矛盾。但是养育孩子的辛苦仍然让小美觉得迫切需要喘息的机会。

> 我说我希望减少一个班,他(校长)说"那你就是说四节课,你要用这四节课你能干什么,你能做什么,这四节课你不可能出去,因为课这一节,那一节,那段时间你不能出去,你能干点什么,四节课你能干点什么"。我说"你想听?"他说"想听",我说"我要说了,你不准生气,你也不准嘲笑我,或者说什么"。因为那个校长跟我同一个专业的,教同样学

科的,我说"你不准嘲笑我",他说"好,那你说"。我说"我告诉你,我利用这四节课我去休息"。他当时很不理解,他当时蒙了,很不理解。他说我,因为他当校长,因为我们学校也是一个大校,就是说属于重点学校,校长工作也蛮多,肯定很忙,他说他真的不能够,他说他作为一个男人不能理解,我问他为什么呢。他说他一天到晚忙得,他也没有这样的想法啊。我就告诉他,我说我不能跟你描述我的生活,为什么这样告诉你,我说我所有的时间都像磨盘一样,我说我在转,我真的是没有一点点空闲时间能够停下来。所以我说这么四节课我用来休息,他就说他一天到晚,也是一个事做完一个事情,他也是这样啊,他也没有停下来啊,可是我怎么会有这种要求,他说无非就是一件事情到另外一件事情,反正这个频道换到那个频道。我说对,我说你可以换频道,我说我频道都没得换,这就是差别。我估计我说到这个时候,我想他理解的可能性不大,真的理解的可能性不大,但是就是说,但是他可能还是起码没有反感我提出这个东西已经算不错了……

小美还讲到因为自己的孩子不能等待,因此带他去公园的时候她从来不敢喝水,因为怕喝水了要去上厕所,而自己的孩子没法等。

小利的孩子因为没有地方上学,所以待在家里,小利很无奈地说:

> 在家待着也是无可奈何的事情。我们都是关成自闭症了。有的地方让我们多加钱,加点生活费什么的,多加点钱,他也有自己的生活,自己家里也解放一下,做点别的事,有点自我。现在我们是没自我了……

所以这种家庭的教育实际上缺少一定的环境,再一个,人的共性,很容易就松懈了,一松一缓就过去了。买菜做饭,你要兼顾他,你还要教育他,要照顾他。你很难去很规范地按照这种很标准的模式去培训他。几点上课,几点下课,不是说你能确定的,你就确定的了。有时候我老跟他说"你现在怎么越来越坏了,我看你这一个孩子我都快窒息了,你给过我呼吸的时间没有?"他不理解。我说一天24小时我连呼吸的时候都没有,我觉得我连呼吸都困难了,你知道吧?不是说我不能呼吸了,就是自己快窒息了那种感觉,我就这样的感觉。

除了扮演为人母的角色外,自闭症儿童的母亲同样还得善尽为人妻、为人媳的角色,如此多重角色,不仅令自闭症儿童母亲难以兼顾,更令她们心力交瘁。例如,小静说:

> 你看我这个人可能和别人的命运蛮不一样,后来我的婆婆脑溢血中风了,现在就是偏瘫,偏瘫之后眼睛也失明了,左半边也不能动。所以说我们这个家庭,我现在是这个主心骨,每天要回家买菜,做饭给他们吃……就是这样,再一个你不知道,我每天就这样带孩子,他们都带不了,其实我们压力大,我们上有老,下有小,所以我们这些人就是中坚力量……我们虽然说经济上面不缺什么,但是我们精神上面压力蛮大的。

小美也一直为了无法兼顾多重的角色而心中焦虑、矛盾着:

> 这样的话,包括前段时间我跟我老公说,我做得很不好,我说我妈什么该关照的什么事情我都没有关照到。我妈妈年纪也大了,什么事情该管作为女儿应该都要管到。我现在就是说,除了当妈之外,我觉得很多时候没法当一个好老婆,没法当一个好女儿,甚至没办法当一个很好的老师,我觉得这些东西都是很难。

"家"这个自闭症儿童母亲所身处的地方,给了母亲如此多的束缚和压力,也令其心力交瘁难有喘息的时间和空间,但是母亲并未因此而逃离,到底是什么样的念头支撑着自闭症儿童母亲,让母亲愿意为孩子、为家庭这样不辞辛劳无止境地付出?是尽自己的那份"天职"?还是因为对孩子、家人的那份期许和梦想?

(二) 心系家人

自闭症儿童母亲几乎将所有的时间和精力都给了孩子,给了她所寄托的家。她们努力地经营着家庭,拉拢家人间的情感,尤其是因工作在外而常无法陪伴孩子的先生与孩子的情感。若父亲能够与自闭症儿童很好的相处时,自闭症儿童母亲就会由衷地感到高兴和幸福。正如小慧对于先生就赞不绝口:

所以说其他所有的，所有的不愿意，所有的不愉快我都可以原谅，只要他能带着孩子过嘛。有的男的就不想，就说这样的孩子又没面子啊什么的，那就可以离婚吗。这世界上就是说，就是说亲情，我念他，能够为这个孩子付出这一份责任。

小静也说到丈夫经常鼓励自己，带孩子一起出去聚餐：

他后来要买什么药，只要我说，我只要说做什么训练，他都支持我去。我说要到北京去，他说去吧，我到青岛去，去，他说人家不收你，你回来，然后等着收你你再去，我们留着，就是这样安慰我。我们这些爸爸都蛮不错的，都挺好的。

家人的支持使得母亲们更看重家庭的稳定性，关注自闭症儿童或家人更重于自己，像小静就说：我们有了这样的孩子，我们的一切也是为了孩子……但是我不会给我老公太大的压力，我很注重各方面，我很注重他的感觉。

小雅谈到得知自己的孩子患有自闭症之后就马上辞掉了工作，全心全意带这个孩子：他（孩子）反正回来一年多，我哪里也不去，我就带这个孩子，而且我包括就是走亲戚什么我几乎都不去，我就带我的孩子……

小利的丈夫曾经患有抑郁症，所以除了承担赚钱养家的责任外，小利几乎不要求丈夫参与到孩子的教育过程中，并且以丈夫的状态为主要考量，希望孩子能有一个好的面貌展现在丈夫面前：

所以这个需要调整好，心里不舒服或者看到别的孩子，他说，觉得没有孩子比我们这个孩子好一点，让他多往好处想一点，觉得他还不是最难过的那种。

可见传统"母职"意识形态仍然深深植根于自闭症儿童母亲的观念中，成为一个好母亲仍然被视为是女人该追求的最高实现目标。她们因孩子的进步而开心，因孩子的问题而沮丧，与丈夫良好关系的建立也是依靠孩子为中间的桥梁，通过孩子的进步而获得丈夫的认可。所以自闭症儿童母亲的梦想多是聚焦于家庭，孩子健康快乐，丈夫事业有成，若针对自己有所展望

的话也是排在家人之后的,如小美谈到对自己的期望是这样说的:

> 其实很多东西,当这些孩子能够稍微稳定下来之后,之前这些东西都是抛之脑后的,现在能够有一点点,觉得可能空下来,就会想想尽可能地去做。
>
> 目前我指说的是什么呢,我只是说,我也希望我的工作能够好,因为毕竟孩子这个状况属于什么,属于相对来说比较稳定的过程,现在较为稳定的过程,那么我就得考虑更多,我也为工作考虑……我希望我的工作会更有起色一些。

虽然说家这个空间像是个笼子般地困着自闭症儿童母亲,并且对家人的那份情感就像线一样牵绊着她,但她却始终甘心为这个家付出,为孩子付出,紧紧地守护着这个家。只因她们将自己的梦想建筑在孩子或先生身上,他们的成就便代表着自己的成就。

整体而言,参与本研究的自闭症儿童母亲仍如传统女性一般,担负起孩子大部分的教养责任。不仅如此,自闭症儿童母亲作为家庭的核心力量牵绊着家庭中家人的情感互动,尤其是经常在外工作的先生与孩子之间的情感。此外,家庭中的家务也需要她们花费相当多的时间和精力,又得善尽为人妻、为人媳的职责,如此多重的角色,不仅让自闭症儿童的母亲难以兼顾,更让她们感到心力交瘁,迫切需要空间来让她们喘口气。虽然说"家"就像是个笼子般地困着自闭症儿童母亲,但是传统母职文化的影响下,自闭症儿童母亲仍然将成为一个好母亲作为自己此生最大的追求和成就,加上对于家人(特别是孩子)的那份情感,让母亲将自己的希望和梦想都投射在孩子和先生身上,即对于真正属于自己的理想总是排于家人之后,并且心甘情愿地为这个家不断地付出努力。

五、自闭症儿童主要照顾者的生活时间
——释然起身迎希望

每个孩子都能发展出属于自己的一片天空,正是这份对孩子的执著与希望,令自闭症儿童母亲能够坚持地对孩子无怨无悔地付出,并且愿意花时

间来等待孩子的成长。最后的这个主题,将以"面对现实","乐盼成长"以及"永怀希望"这三个次主题来呈现。

（一）面对现实

相对于其他孩子,自闭症儿童存在着较多的问题和障碍,而且即使同样是自闭症儿童,其所遇到的问题也存在相当大的差异。其中最让照顾者头疼的就是自闭症儿童的行为问题。当母亲在尚未认清孩子的问题之前,孩子的一些行为问题在母亲看来往往简单地归咎于不听话,不好带,像小青就说：

爱跑啊,走路就是爱跑,不怎么走。一出去就跑。再不听你的,不听你的,不听指令。你叫她搞什么她不搞,她并不是说她不听你的,因为她不懂。说的她不懂,所以她不照你说的做。当时没检查出来这毛病时,觉得她怎么这个样子,带她很累,教东西也教不进去,在家里,教不进去有时候也懒得教。

在学习问题上,大部分的自闭症儿童因为伴随有智力障碍,因此在学业上进步缓慢,或者存在注意力难以集中的现象,小雅谈到她在辅导自己孩子学习过程中时就谈到：

我就觉得别的孩子怎么那么好搞呢？我的孩子怎么就那么难搞呢？而且我看别的家长,我说实话,在幼儿园你就丢在那边,布置写的作业,在家里也是不怎么管,有写就写,没写就没写。然后我就像,我每天晚上搞到几点钟,辛苦得不得了,有时候没有休息好,一搞就感冒,然后感冒了我就觉得我怎么这么认真的搞我这个孩子,我的孩子就是没有比别的孩子好呢,那个时候我心态很不好,然后那个时候就是自己也蛮急躁的。

自闭症儿童在生活和学习上带给母亲困扰,在没认清孩子的障碍之前,母亲的心态会认为孩子是故意与她们作对,不听话,并且会以较为严厉的标准来要求孩子改善。然而这些困扰,在母亲清楚地认识到孩子的问题,完全接受孩子的症状后会逐渐得到改善。像小静就说到在孩子洗澡这个问题上,由于丈夫并不是很懂自闭症儿童的教育,所以对孩子的要求比较高,但是自己清楚孩子的障碍在哪里，所以会容忍他一些失误：

> 有的时候还是洗的不太好，但是他自己能够独立地洗，蛮不错了，慢慢慢慢来，能洗澡，蛮好。我感觉轻松了许多，我一回家看见他，他蛮胖的，就说你洗个澡吧，有的时候洗的蛮干净，有的时候孩子嘛，还是洗的不怎么好，我就在外面偷偷瞄，再洗不好，就进去。他爸爸要求蛮高，说没有擦干，怎么样怎么样，我说不要要求这么高，要按流程过来的，慢慢洗洗保证会洗得好好的。

虽然母亲都能够认识到孩子的问题，但是为了孩子将来的生活得更快乐顺遂，母亲仍然没有放弃对其进行干预和训练。而通过母亲的长期坚持，孩子在干预和训练中也能够取得一些些的进步，能够体会到成功的喜悦或是参与的幸福感，这些都是母亲一直坚持不放弃的原动力。

一直坚持让自己的孩子尝试不同事物的小美说：

> 他喜欢啊，我也是这样想，其实包括学会游泳，我当时带他去游泳的时候，并没有想过要他学会游泳，我只是知道他喜欢水，他小时候你知道是什么样子吗？经常上公园，公园里有那个亲水平台，那就是这种，走过去跑到那个亲水平台前面，那个水还很有一点高度，他没有概念，走走走一直走，一直往里面走，就是这种，没觉得那个水，就跟走路一样，就走过去，属于这种。然后他很喜欢水，我当时的感觉就是没关系，你什么都学不会也可以，你只要在水里很快乐也可以，没有关系啊，在水里快乐，在里头该怎么玩就怎么玩，结果他差不多大概十几次，差不多将近二十次，带他去二十次的时候，他可以在水上浮起来，其实他现在游泳也不算好，但是他现在就是说，属于那种仰泳特别棒，没有标准动作，但是他可以游很远……

小青也说：有些东西并不是说让她学成什么样，就是看她有没有兴趣学，培养她，毕竟她做好了，她也好了。

问到小孩的教育方面，小青说：在坚持，坚持，天天要坚持。

对于孩子的每一点滴进步，父母都特别开心，像小慧所言：他爸爸一回来，就说，哎呀，又有进步了，一听有进步都很高兴，就这样子了。

孩子的问题确实给母亲带来不少困扰,但当母亲能够接受自己的孩子患有自闭症后较能正确地面对实际问题,对孩子进行干预和训练,调整对孩子的要求和期望,期盼孩子能够健康快乐地成长。

(二)乐盼成长

不管母亲对于孩子曾经有过什么样的期许,在经历过一连串的挫折后,平安、快乐地成长成了自闭症儿童母亲对于孩子的最基本期望。

小慧的孩子因为没地方上学,目前是待在家里,小慧说:我现在就是说有个地方孩子能去,能够得到快乐。小青也道出了她对孩子的基本期望:

> 其实我们对孩子要求应该就是这方面的要求,只要她快乐、只要她健康就好,也不要说她考个什么样的大学,或者是能有什么样的成就出来。

在这样的期望下,母亲在孩子的学习上会适当的去给予协助或为孩子寻求资源,以避免孩子承受过多的压力或挫折,并针对孩子的兴趣给予孩子发展的机会来培养其成就感或让其从中获取快乐。像积极为孩子发展特长的小美,并不会因为孩子的学习进度慢就舍弃让孩子尝试不同的新鲜事物,只要孩子有兴趣便会尽量让孩子去学习,虽然这个过程不那么轻松,但是她仍然不断地坚持。

> 说实话为了让我的孩子学会这些东西,付出了多大的代价是难以想象的,我的孩子会溜冰、骑车,你知道我要怎么做吗?练习骑车基本上是一到两年的时间,他骑我跟着跑,溜冰起码也是一年多的时间,他溜我跑。你想象一下人家骑车、溜冰,我跟着后面跑是什么概念,一两年,他玩一个小时,玩两个小时,我要跟着后面跑一个小时、两个小时,为什么呢。一个是安全需要,另外一个是他有时候会很怕,他冲到什么地方,他是不知道这个东西有所有权的,这个东西是你的我不能拿……但是这些东西就是说,我觉得而且这种东西的话,其实你要说他多会,能做多好,其实真的谈不上,但是他会一点,而且他也很喜欢做。这些东西的话,其实包括今天的很多人就觉得你取得了这么一点点进步有意义吗,人家都会这么觉得,就是包括我的亲人,甚至包括他

的爸爸也是,他觉得我去每次跑两、三个小时,跟着孩子这样跑,会到什么程度,其实一般人你可以想象出来的。然后就是说,他能够获得多大的成功,以后可以考北大,考清华,可以干吗,可以拿个什么奥运冠军,任何东西都是不可能,他甚至,他,知道我这样跟着跑一年,跑两年之后,他的程度跟那些孩子初学的程度是一样的,觉得有意义吗,其实很多人都会这样说,你干吗把自己搞那么累。所以就是,其实我家长们的压力有时候还是蛮大,你的亲人觉得不值得。他不是不理解,他是觉得你不值得。可是我后来就在想就包括我们家孩子能够学会这些东西,包括他能够上这个学,我真的认为跟我能够那么拼命来让他学会这些东西有关……

小青也讲到让孩子学习不同的新鲜事物能够给予孩子自信和成就感,这是干预和训练中最重要的意义,她认为:要不然她觉得她什么都不会,她会觉得自卑。

而小静也谈到自己在孩子的教育问题上,认为生活自理能力要比那些文化课灌输的知识来得实际有用,她的观念是:

> 至于他的文化课怎么说呢,我觉得我的孩子他学习,不要强制他去学习一些东西,就是说让他生活能够自理就行,洗澡啊、吃完饭洗洗碗,这就足够了。

同样强调孩子生活自理能力培养的还包括小利。小利说:所以我觉得孩子教育的重点还是生活问题。因为他的成功我觉得是不可能参与社会活动的,要他赚钱那肯定是不可能的……

平安、快乐地成长,这个愿望在一般人看来也许是个平凡不起眼的愿望,但在自闭症儿童母亲的心中却是个不平凡的希望,因为她们必须很努力地去呵护这个希望才能得以让希望成真。

在养育自闭症儿童的过程中,孩子的成长是一个方面。而母亲作为另一个互动的主体,其实也在体验着成长。就如同小静所讲的:

> 有这么个孩子,也让我学会了宽容,学会理解学会包容别人,真的是成熟了许多,觉得自己的个性已经转变了许多,能替别人想一些

东西。

小美也认为在养育自闭症孩子的过程中,自己的收获也不小:

> 我自己也学会很多,比如后来为了他去学开车,为了他去学游泳啊,你得学很多的东西。怎么说呢,还是而且我觉得更重要的其实是,让我学会了一点就是自己知道自己谁,你知道自己是谁,你处在一个什么位置,你该看清楚自己的位置,你该做一些什么,你想做什么,你该做些什么,你做到了哪些,你能做到哪一些,我觉得这些东西可能都是我带了孩子之后,才学会的东西。你要学会变通,学会接受很多你不可以接受的东西,学会看到别人的优点,我觉得这些东西真的都是在我孩子身上才会体会到的。以前可能真的是属于那种,就是情商很低的那种人,就是属于脾气很坏,说话不会拐弯,然后这个又不会看人脸色,属于那样,就觉得还是会学会很多东西,真的会。

虽然照顾自闭症儿童的过程充满艰辛与无奈,但是母亲仍然能够从与孩子的互动中体会到积极的意义和进步的力量,与孩子一起体验成长的喜悦。

(三)永怀希望

由于自闭症儿童在生活上、行为上常常会遇到一些问题,需要有人陪伴在身边协助他、提醒他,而这些事情通常就成了母亲的例行工作。长期下来,自闭症儿童也渐渐习惯依赖母亲的陪伴和协助。但为了自闭症的孩子将来能够更好地去适应社会,走出自己的一片天空,母亲们也尝试着慢慢地让孩子去做一些力所能及的事情。像小静说的:我现在就为他以后生活作准备,肯定要去福利院,肯定要去自己面对生活,面对社会,我们要教他一些东西,社会性的行为。所以小静经常带孩子出去吃饭、玩,为的是让他能够更好地融入社会,因为她觉得"整天在家里面,你老是不带他出去的话,他见识不到一些东西,他感受不了,他适应不了,到时候你再适应就晚了,越小越好。"

又如小利给儿子定下的目标是生活自理,因此很多时候都爱指使自己的孩子去做事,觉得这样的一个过程他也是在动脑筋。

> 我现在就让他学晒衣服,他晒衣服晒的很好。但是就是晒,还不会把衣架从衣服里面正确的穿进去,位置往往穿的不对。晒衣服是一个月,每天这些衣服晒都是他来。还有衣服的分类,我们的衣服,他自己的衣服,也是他做分类。我希望他在这些方面能够自理,其实生活自理方面有很多内容,秋天的衣服、冬天的衣服、夏天的衣服分类,长裤、短裤的分类,教的东西很多。就比如说他现在洗澡也是的,你要不看着他,他就一个人在那玩水,你要指导他,先洗脸。洗脸不用毛巾就自己手擦,然后教给他搓背的动作,让他学会用毛巾搓背的动作,他身上也存在着很多问题。这里忘了擦,那里忘了擦……

虽然说孩子的进步是如此的缓慢,但是母亲们都毫无保留地奉献着自己的力量,履行着自己的职责,希望孩子能够取得进步。如同小静所讲:

> 我知道自己孩子的路以后很长,但是我会默默陪着他,直到我生命的尽头,我相信有爱就会有奇迹,就会创造奇迹。

也如小雅所相信的:只要付出了,多多少少都会有所收获的。

总而言之,相对于其他孩子,自闭症儿童在生活上或是学习上存在着相对多的问题和负面特质,这可以从母亲与孩子的相处中一窥究竟。自闭症儿童表现出来的在学习上的滞后以及生活上的各种问题成为了母亲伤透脑筋的部分。然而当母亲知道自己的孩子患有自闭症,并慢慢接受了孩子的问题之后,也能够逐渐地释怀了,因为她们知道孩子不是不为而是不能为。但即使如此,为了孩子的未来,母亲唯有更加积极地寻求解决问题的良方,开始针对自己孩子的特点制定干预和训练计划,给予他们发展的机会以促进他们的进步;另一方面,母亲也开始尝试着对其进行生活自理方面的训练,以确保他们将来能够更好地适应社会。虽然孩子的进步非常缓慢,但是作为母亲仍然是将孩子的点滴进步铭记于心。时间流逝中母亲也逐渐体悟到凡事尽力即可,至于结果则并不重要,重要的是孩子能健康平安地成长,并能够找到属于自己的一片天空,这便是母亲对于孩子的最真切希望。

第五节 综合讨论

本节将结合研究结果和相关文献来探讨自闭症儿童主要照顾者的生活经验,进而挖掘自闭症儿童主要照顾者生活经验的本质特质,探讨本研究中自闭症谱系障碍儿童主要照顾者生活经验的制约因素。又为了要对参与本研究的自闭症儿童母亲的生活经验有一个较完整的理解,研究者将先针对自闭症儿童母亲生活经验中的重要事件做一个系统性地分析与说明。

一、自闭症儿童主要照顾者生活经验中的重要事件

本研究的参与者有小青、小利、小慧、小美、小雅和小静六位,这些自闭症儿童主要照顾者都各有其自身所经历的生活事件及感受。从研究的分析中可以知道有许多重要事件在她们的生活经验中都曾先后地被经验到,只是她们在看待这些事件的观点与心理感受会依其所处的情境脉络差异而有所不同,下面以表3-2来说明。

表3-2 自闭症儿童主要照顾者生活经验中的重要事件

事件/经验		小青	小利	小慧	小美	小雅	小静
确认孩子障碍的历程	障碍初显	不会讲话、不听指令	语言滞后、理解能力差	发展滞后、不配合、怪异动作	发展滞后,对母亲没有依恋	两岁半还不会讲话	两岁还没有语言
	诊断过程	医院检查	医院两次检查、自己看书	医院多次检查	医院多次检查	医院两次检查	医院检查
	揭晓时反应	心灰意冷	心里难受、哭	绝望	慌乱、绝望	傻了,不可思议,怎么会这样,有自生自灭的感觉	哭,看不到希望

(续表)

事件/经验		小青	小利	小慧	小美	小雅	小静
对孩子的养育	教养方式	放任，规范较松	打骂减少，严格的要求	多赞美，规范较松	沟通讲理，积极为孩子规划，很少打骂	严格的规范，沟通讲理，紧盯孩子	沟通讲理，赞美与鼓励
	训练和治疗	康复中心、辅读学校、家里辅助	家里教学、康复中心	康复中心、家里辅助	康复中心、辅读学校、家里辅助	康复中心、幼儿园、普通小学、家庭辅助	康复中心、辅读学校、家庭辅助
养育过程中的心理感受与期望	常有的情绪反应	烦恼、失落、感激	烦、发愁、无奈、欣慰、感激	不耐烦、释怀、兴奋、幸福、感激	苦恼、焦虑、难受、崩溃、开心、满意	情绪低落、急躁、迷茫、高兴、偶尔悲观、感谢	遗憾、抱怨、挫折、感谢、欣慰、满意
	目前的观念与心态	坚持训练，不希望孩子长大	接受孩子，积极辅导孩子	生活还是要过	慢慢加强，一点点进步	接纳孩子、相信孩子、不放弃	接纳孩子、引导孩子、正确定位
	对孩子的期望	能够生活自理	生活自理，不给他人带来麻烦	生活自理，快乐就好	情绪能好，生活上能够自理	孩子健康快乐，把小学上完以后再打算	生活能够自理就行

（一）确认障碍

在确认孩子有自闭症的过程中，小美和小利很早就发现自己的孩子有明显的发展迟缓和异常的反应，但是只是不明白自己的孩子为什么会有这样的情况，虽然她们都听说过自闭症这个概念，但因为了解的不是十分清楚，因此一直也没有将自己的孩子往这方面想。直到经过几次医院的诊断后确认孩子患了自闭症她们才意识到自己与这个名词真正地发生了联系。而其他家长一开始并不了解自闭症，直到孩子确诊后，才开始在网上或者其他家长那里寻求资源和理解。但是不管母亲是在什么样的情况下知道了自闭症，这个过程都是非常艰难辛苦的。当答案真正地摆在面前的时候，大部分的母亲都对这样的结果表示出了难以置信，以及绝望的心理状态。但是身为母亲的职责和使命感使得她们并不能有很长时间的自怨自艾，而是必须要投入到拯救孩子的过程当中。就如小美所讲的，起初的几年可能怀抱着很大的期望，希望自己的孩子能够跳脱出这个诊断书，直到诊断后的第三年第四年，才不得不面对现实，调整自己的期望，而这个接受孩子成为自闭症的这个过程也是漫漫煎熬路。

(二) 养育过程

关于孩子的训练和教育问题，每位母亲都是花费了大量的金钱和汗水。小青的孩子诊断为自闭症之后就送到康复中心接受训练，一直到去年才转到目前就读的辅读学校。即便如此，小青也并未放弃在家里面的训练，经常有意识地与小孩进行互动，以帮助她掌握更多的技能，虽然效果并不是如小青想象的那么好，但是她依然在坚持着。

小利孩子的教育工作基本上是小利自己在家进行的。刚被诊断为自闭症的那会，由于康复中心没有位置接收，所以小利自己在家带孩子，先开始找不到方法，后来去参加了一个家长培训班，就开始用他们的方法自己在家里教。到了孩子四岁的时候，小利才开始带着孩子去康复中心，由于经济条件的限制以及综合的考量，康复中心也是一周去一次，其他时间还是自己教为主。后来康复中心关闭了，于是在几位家长的联合下，自己办了个康复中心，在教自己孩子的同时，还接收了其他家庭的孩子。可惜的是，去年，小利的康复中心也因为资源缺乏而关闭了。于是小利又开始自己在家里教孩子。

小慧的情况与小利相似，孩子一诊断出来之后小慧四处找人打听，知道有家康复中心在训练孩子上很有一套，于是去了康复中心。后来康复中心关闭，他们就来到了小利办的康复园，甚至还为了方便训练而搬了家，结果没想到康复园也坚持不下去，孩子就这样被放在了家里。虽然小慧在家里也会有意识对孩子进行训练,但总觉得缺乏那样的氛围,也就一天天拖过去了。

小美在教育孩子的过程上走的弯路比较少,她说她很明白自己孩子的问题,诊断一出的时候她就马上找到了机会与专家进行了咨询,方向比较明确了。后来把孩子放到康复中心训练,前年的时候小美把孩子转到了目前就读的辅读学校。谈到孩子能够进入辅读学校,一方面小美觉得很幸运,另一方面小美也觉得自己确实付出了很多努力。因为小美家庭所在的区并不是辅读学校所在的区,按道理辅读学校不会收,而且自己的孩子程度又比较重,但是因为小美有意识地让自己孩子学会了很多特长,例如,会游泳、骑车、溜冰、滑板车等,所以小美认为是这些特长帮助孩子打开了辅读学校的大门。虽然在教孩子学习的过程中自己付出了难以想象的代价,但是最终这些都是值得的。

小雅的孩子程度比较轻一点,因此是几位孩子中唯一在普通学校就读的。但是小雅却也并不轻松。孩子在诊断为自闭症后,先是带着孩子和奶奶到外省的康复机构开始住读训练,一待就是半年。然后回来开始自己训练,之后费尽力气将孩子送到了普通幼儿园,自己也摇身一变成了幼儿园的兼职老师,每天跟孩子一起上学放学,看着别的家长对孩子的教育不管不问,自己每天花尽心思却还是收效甚微。小雅也有很着急的时候,后来被另一位自闭症家长点醒,自己才开始慢慢调整心态。幼儿园结束之后,小雅也是千托万托才使得孩子进入了一家普通小学,但同样的是孩子家长必须陪读,因此小雅也和孩子一起升到了普通小学,对孩子的教育仍然丝毫不敢懈怠,一直紧紧地盯着孩子,使其少出差错。

小静在孩子的教育问题上应该说也是吃了不少苦头。在孩子诊断完之后先是送去本地的一个康复中心,因为不满他们的教育方法,于是自己在家里教,教了一段时间之后发现效果不好,于是开始在网上寻找资源,了解到外省的一家康复中心比较成功后,就去那里报了名排队,然后在家等待。幸运的是并没有等很长的时间,康复机构就通知他们去了,因此从没有出过远门的小静就自己带着孩子过去了,一训练就是一年多的时间,后来训练结束之后,小静就回来自己在家里教。教了一年多后觉得孩子应该要过集体的生活,于是把孩子送到了现在的辅读学校。孩子目前的状态比较稳定,小静才觉得自己轻松了一些。但是对于孩子的教育,她并没有完全卸下责任,平时在家里也会注意对孩子的引导和干预,并且小静还加入了孩子所在学校的家长委员会,通过与学校的合作来帮助更多的孩子和家庭走向正轨。

(三)认知与心态的调整

在家庭压力理论中,家庭对于压力事件赋予的意义,影响家庭的压力程度,家庭如何定义压力与家庭对压力事件的评估与知觉存在着密切关系。当家庭成员压力事件有积极正面的认知,视其为正向挑战时,则能够较好地应对压力,并表现出积极行为。在母亲对自闭症儿童养育的方面,每一位母亲可以说都是非常辛苦,因此难免有心力交瘁的时候,出现打骂孩子的现象。但是随着母亲们对障碍认知的调整和心态的调整,这种打骂逐渐减少,开始关注孩子人格和尊严的建立。像小利就说到要尊重孩子的人格,而这个尊重人格的过程是要让孩子自己能够掌控自己,比方说能够自己选择喜欢吃的菜而不是被大人强迫着喂。小美也说到要尊重孩子,要了解孩子的意愿,跟随孩子的兴趣。当意识到这些问题的时候,自然对孩子的要求就会有所调整,教育方式上也会变得以鼓励为主,以沟通为主。

在陪伴自闭症儿童成长的一路上,母亲对于孩子最常有的心理感受就是烦恼、失落、挫折与担忧,这些负面的情绪时不时地会出来滋扰母亲的情绪。但是即使是这样,看着孩子每一个阶段的成长和进步,母亲们仍然会感到满足和欣慰。而对于那些曾经积极地提供过资源与帮助的人们,母亲们则更是心怀感激。在受访的过程中,几位母亲都表示自己已经接受了孩子存在自闭症的现实,都非常明确孩子的确是存在发展上的障碍,因此,现阶段在与孩子的互动中多是细心地引导,期盼他们一点点的进步。至于对孩子未来的期许,多数母亲都表示只希望孩子将来在生活上能够自理,等到自己不在的那一天能够自己照顾好自己,不给他人添麻烦。而小雅的孩子因为目前在普通小学就读,因此小雅仍然对其学业上抱有一定的期望,希望通过自己的努力能够让孩子不断地获得更高水平的教育。

二、自闭症儿童主要照顾者的生活经验结构

前面我们分析了自闭症儿童主要照顾者生活经验中的重要事件,在这

个部分里我们将自闭症儿童主要照顾者的生活经验按照身心状态、人际互动、生活时间和生活空间这四个经验结构来加以讨论,以探寻自闭症儿童主要照顾者生活经验的本质特征。

表3-3 自闭症儿童母亲的生活经验结构

研究问题	经验结构	主题	次主题
自闭症儿童主要照顾者的生活经验本质	身心状态	百般滋味绕心头	初闻自闭症 烦忧自闭症 接受自闭症
	人际关系 (母子)	跌跌撞撞向前行	教养的挫败 心态的调整
	人际关系 (母亲与他人)	积极沟通得资源	家庭内积极互动 家庭外寻求资源
	空间	牺牲自我守小家	身陷家中 心系家人
	时间	释然起身迎希望	面对现实 乐盼成长 永怀希望

(一) 母亲的身心状态

托曼尼克(Tomanik)等人研究发现自闭症儿童的父母比其他发育障碍或是普通儿童的父母要经受更多的压力,并且发现这种压力在母亲身上表现得更为明显。[1] 母亲作为主要的照顾者,在照顾孩子的身体和情绪上扮演着重要的角色。因此,在孩子被怀疑有自闭症的这个阶段,母亲往往表现出困惑、沮丧和焦虑的情绪。而当孩子被确定为自闭症时,母亲的情绪则会转为忧虑、害怕、无助和愧疚的状态[2]。紧接着母亲还必须去面临另外一个挑战,那就是开始去调适和解决孩子的多样化的需要。而在这个过程中,由于

---

[1] Tomanik, S., Harris, G. E., & Hawkins, J.. The relationship between behaviors exhibited by children with autism and maternal stress[J]. Journal of Intellectual & Developmental Disability, 2004, 29(1):16-26.

[2] Gray, D. E.. Ten years on: A longitudinal study of families of children with autism[J]. Journal of Intellectual and Developmental Disability, 2002, 27:215-222.

信息资源的缺乏使得母亲并不能够很好地度过这样的一个阶段,因此无助和绝望的感觉会伴随自闭症儿童母亲一个相当长的时间。本研究的受访者皆谈到自己在刚得知孩子患有自闭症时的绝望心情。甚至是孩子障碍程度较轻的小雅,当时还有轻生的想法。

虽然这种焦虑的状态伴随孩子的成长慢慢有所减轻,但是心中的烦忧却并没有减少,很多时候这种烦忧是来自于生活层面。例如小美就曾因为家人对孩子的不理解觉得伤心,对他人对孩子的不尊重而觉得气愤。小青也对因为孩子而受到他人的无端指责而表示委屈,而小利更是因为孩子的诸多问题行为而不断地在邻居面前遭受挫折;很想外出工作减轻经济压力的小慧则因孩子无人照料而一直担心犹豫着。

即使到目前为止,受访的母亲们都已经能接受和适应孩子有自闭症的事实,但并不表示自闭症儿童母亲便不再有痛苦经验的情绪。如小雅的孩子目前状态比较稳定,但是小雅一直觉得自己的孩子是自闭症非常遗憾。如小美虽然在教育孩子上非常有心得,十分强调孩子要有自己的尊严,但是有时候孩子未能达到预期的进展,心中的挫败感与愤怒的情绪仍不免油然而生。

尽管自闭症儿童母亲的角色让她们感受到很多的负面情绪,但是孩子的成长和进步以及家人的支持,使得母亲们仍然能够在养育的过程中获得快乐和幸福。受访的母亲中多数对自己现在的生活状态很满意,特别是小美、小静和小雅。丈夫的支持,孩子情绪的稳定都使得她们感觉到最难的时候已经过去了,现在能够好好的喘息一下了。

(二)母亲的人际互动关系

自闭症谱系障碍的诊断刚一出现使得每个家庭都处在手足无措的状态,整个家庭必须在很多方面进行调整来适应这个孩子。本研究中的参与者都经历了这样的一个调整的过程。受访母亲在孩子确诊为自闭症之前大多是有工作的,当得知孩子患上自闭症之后都辞去了工作,专心照顾孩子。小美虽然保留着工作,但是也经过了一番调整,使自己的工作时间能够更好地配合孩子的照顾。当然其他方面的调整就更是不胜枚举了。作为孩子主要照顾者的母亲,其与孩子的人际互动是她们人际关系中的核心要素,其次才是她们与家人间的互动以及与家庭之外的他人的互动。

亲子间的互动方面,母亲除了花费比照顾一般孩子更多的心力外,更困难的是母亲不知道该如何去教导孩子,因此只能努力地尝试各种方式,但是仍然收效甚微。因此,对于自闭症儿童母亲来说,最开始的一段摸索非常痛苦,直到在努力寻求相关信息之后才能渐渐找到适合孩子的教养方式。所以,自闭症儿童父母往往要面临两个主要的压力,一个是对孩子未来的担忧,另一个就是在教育孩子和管理孩子行为上的无助。本研究中受访母亲均经历过这种对自己孩子教育无知、无助且无能为力的苦。自闭症儿童母亲对孩子的管教方式常常与孩子的表现有很密切的关系。当孩子表现的比较好时,母亲常常能够耐心且积极地引导孩子。而当面对枯燥的、收效甚微的训练时,往往也会出现打骂孩子的情况。但不管怎样,母亲作为主要的照顾者对孩子的行为和学习通常都是严加控制的。正如汉弗莱斯(Humphries)等人研究学习障碍儿童母亲的教养态度一样,会表现得比较专制和不民主,但对孩子比较不会怀有敌意,也不会拒绝孩子。[1]

作为儿童主要照顾者的母亲在与其他家人的互动上,主要也是围绕着孩子来进行的。本研究中的受访者均表现出较好的夫妻关系,丈夫对自闭症儿童母亲的教育和训练工作表现出不同程度地支持。但是不可否认的是,自闭症孩子牵绊了母亲太多的精力,使得母亲对自己的丈夫表现出较少的关注和互动。例如小美就讲到自己很长一段时间都没有给先生笑脸,不是不想给,而是被孩子折腾的快崩溃了,等先生回来已经没有力气再去给他一个笑脸了。小雅也在访谈中反省自己长期以来把注意力都放在孩子身上,对自己的先生反而疏于照顾了。而在与先生的互动过程中,母亲们均表示更希望先生能够了解孩子进步的情况,减轻先生的压力使其与孩子能够更好的互动。而在与其他家人的互动上,各位受访者均表现出一定的压力,只有小青和小慧的公公婆婆能够接受孩子患有自闭症,以及支持受访者对孩子的教育。其他受访者则面临不同程度的不理解和不支持。

---

[1] Humphries, T. W., & Bauman, E.. Maternal child rearing attitudes associated with learning disabilities[J]. Journal of Learning Disabilities, 1980, 13: 54-57.

至于自闭症儿童母亲和家庭之外的他人互动的情形,则多是由自闭症儿童母亲积极主动开展的结果。由于孩子有特殊的需求,因此母亲扮演着较多的角色,为了孩子的学习不辞辛劳地四处奔波寻求资源。例如,去医院和自闭症相关机构咨询、请教自闭症儿童家长、联系自闭症儿童康复机构和学校等。因此,一切的互动也还是以孩子为中心的。另外,母亲在寻求资源的过程中实际感受到了"人助"的重要,因此也希望将自己的经验分享出来以协助有类似经验的母亲。

(三)母亲的生活空间

中国社会受传统文化思想的影响,父母亲职仍然是以性别角色分工为主,所谓的男主外、女主内,男性担任着赚钱养家的主要责任,而女性则承担着家中的家务以及孩子的照料等。在本研究中可以发现,父母亲的分工正如前面所述。此外,传统"母职"意识形态仍然深深植根于自闭症儿童母亲的观念中,即母亲理所当然地承担起来家务以及孩子大部分的教养责任。正如戈登(Gordon)所说男人的世界是他的工作,女人的世界是她的家庭。[①]西方社会亦是如此,男性和女性被认为是做出不同贡献的两类人,男性在事业上做出贡献,女性在家庭里做出贡献。因此,障碍儿童的母亲常常将自己全部的生活都献给了孩子和家庭的照料。本研究中受访者大多数都因为孩子的关系而辞去了工作,全职在家照看孩子。只有小美继续着自己的工作。

由于自闭症儿童母亲的生活已经大部分被孩子、先生、其他家人以及家务等占据而变得狭小拥挤,很少能有真正属于自己的空间,也常常为了处理这些人、事务而感到沉重与烦躁,甚至是心力交瘁难以喘息。虽然有时候会想不顾一切地暂时逃避却又放不下肩头上的重担,尤其是自己的孩子。所以即使有心想去寻求自己的发展空间,也都因为考虑到孩子或其他家人而放弃。比如小利,由于以前工作出色,有熟识的人介绍她去外地做一份管理的工作,从小利自身来说,她觉得这个工作很有挑战,具有很大的吸引力。但是小利回头一想,孩子目前的状态并不是很好,带过去很难照顾,放在家里又非常不放心,于是只好婉拒了别人的邀请。而当孩子的状态能够持续

---

① Gordon, T. Feminist mothers[M]. New York: MacMillan, 1990: 11.

稳定，且先生能够积极支持的情况下，自闭症儿童的母亲仍然希望能够获得自己的一小片天地。这份天地不需要带来多大的经济价值，而只是希望透过工作能得到自我的解放以及除去母职之外的自我价值的体现。正如小美所讲的，之所以坚持没有辞去工作，很大一部分原因就是工作是她疗伤的一个频道，从工作中获取的成就感能够减轻自己在孩子身上所经历的挫折。再例如小利讲到自己很喜欢打麻将，于是先生不上班在家的时候，都会请先生帮忙照看孩子，自己出去和朋友打打牌，从这样的娱乐活动中把自己一段时间积累的负面情绪宣泄出来，并从中获取身心的愉悦，当她再次回到家里的时候，更容易对孩子报以微笑，对待孩子的教育就能够更加耐心和积极。

（四）母亲的生活时间

当特殊儿童父母不知道自己孩子的问题出在哪里的时候，心中难免是不安又忐忑的，即使在医生或专业人员告诉她们答案的那个时候，她们仍然会坚持相信自己是不是听错了，医生是不是诊断错了。这种经验在自闭症儿童母亲的身上也能够看到。特别是目前我们对自闭症还不具有透彻的了解，许多母亲是第一次听到自闭症这个名词，因此，母亲在寻求孩子问题的诊断时，更难去面对。在带着孩子四处寻医的过程中，母亲们心中虽然急于想知道孩子到底哪里不对，但又害怕去面对诊断的结果，很多的担忧不断地浮现，一颗心总是七上八下，所以那一段带孩子四处检查和等待答案的经验，对参与本研究的自闭症儿童母亲而言是一段非常漫长的煎熬。

当自闭症儿童母亲重新去检视过去的点滴时，孩子的问题也在回溯、反思当中逐渐地清晰，对于孩子的问题也渐渐地释怀了。因为她们知道孩子不是故意的，之前觉得孩子不听话、很难带的观念也在了解孩子的问题后逐渐瓦解。虽然母亲有时候仍免不了会因孩子的问题而感到生气与烦忧，但是她们已经领悟到了她们还需要再学习、再修炼。真正最让她们心慌的是随着时间飞快地流逝，孩子训练和干预的黄金时间正慢慢消逝，而孩子的进步却是如此的缓慢，而期待孩子能发生奇迹的这种未知等待却又是如此的漫长，所以时间流转的速度似乎是跟随着母亲的心境而定的。

此外，为了让自闭症儿童能够在更广阔的天空里翱翔，母亲试着慢慢地训练孩子独立生活的能力；又为了让孩子能够体验更多学习的快乐，母亲也会有意识地去找寻适合孩子发展的方向,以帮助孩子建立自信和体验成功。每一位母亲心里均抱持着但求凡事尽力而为的心态去等待孩子的每一点点进步。

三、自闭症儿童主要照顾者生活经验的制约因素

母亲作为自闭症儿童的主要照顾者,承担着养育孩子的重任,也是家庭情感维系的中介,除此之外,围绕孩子展开的一切活动,母亲都自然而然成为了家庭的代言人,带领孩子和家庭展开与外界的互动。通过前面的分析和讨论,我们可以发现在这一过程中,主要照顾者或母亲的生活经验,主要是受以下几个因素影响的。

(一)主要照顾者的人格特质

自闭症儿童往往存在着语言、人际交往和行为上的多种问题,构成了母亲生活经验中较有压力的部分。而母亲的人格特质在一定程度上决定了她们在应对压力时的反应和采取的措施。内控的人往往比外控的人具有较有效的认知系统,面临压力时更可能花费时间来获取信息,积极应对,以期能驾驭自己的生活或环境。[1] 因此,内控的个体较能获得积极的生活经验。反之,外控的个体则更可能在压力面前自怨自艾,忽视助力的作用,而产生较负面的生活经验。另一个重要的人格特质影响人们对压力的应对,即坚强。性格坚强的人相对来说更喜欢挑战,有较强的控制感。

例如,本研究中的小美,即是一个内控并坚强的人,她说:"在遇到问题的时候,只要觉得有一点点的可能性,那我就尽可能去尝试。"比方说在带孩子出去旅游坐飞机这个问题上,小美的先生悲观地认为孩子不能坐飞机,会出现很多问题,但是小美坚持认为总得要尝试着看看,大不了就是浪费几张飞机票。凭着对孩子的了解,小美终于成功地带孩子坐飞机出去旅游了。平时的生活中也是一样,在小美遇到问题的时候她首先会去寻找资源,避免自己走更多的弯路。闲下来的时间,小美喜欢挑战不同的事物,去获得不同的体验,正是在她这种性格的引导下,不仅与孩子之间建立了良好的互动,

---

[1] 郭永玉.人格心理学导论[M].武汉:武汉大学出版社,2007:277.

还帮助孩子掌握了好几门兴趣爱好,扩宽了孩子的视野。

(二) 孩子的障碍程度

自闭症儿童母亲会因为孩子的障碍严重程度不同而表现出不同的压力状态。本研究中小雅的孩子障碍程度较轻,因此能够进入普通小学就读。而母亲在谈到其生活经验的时候,并没有太多负面的信息,而小慧的孩子由于出生的时候即发现患有先天性白内障,虽然已经进行了康复手续,但是仍然达不到正常的水平,视力的问题加上孩子的自闭症方面的行为问题使得小慧的生活经验一开始就走向了负面。这也印证了秦秀群所调查的自闭症儿童母亲的亲职压力结果:儿童疾病严重程度是自闭症儿童母亲亲职压力的最大影响因素。[①]

(三) 社会支持

从本研究的结果来看,母亲在照顾自闭症儿童的过程中皆能积极主动地扮演好多重的角色,其中最重要的角色之一即是积极地寻求相关的资源来帮助自闭症儿童更好地进步,同时资源的获得也是对母亲心理压力的一个良好的调适。倘若母亲能够在照顾自闭症儿童的过程中获得较高的社会支持,则母亲表现出较正面的生活经验。如小雅和孩子的爷爷奶奶同住,爷爷奶奶对孩子非常疼爱,因此,只要小雅有事情外出,爷爷奶奶就自动担任起照顾孩子的责任,甚至在外出接受训练的时间,也由奶奶一同前往照顾孩子和自己的生活。因此小雅比较少遭遇多重角色的冲突,而只是需要扮演好母亲的角色就行,一路走来还算比较顺遂。这如莱昂(Leung)和丹珀西(Dempsey)等人的研究一致,及时有效的社会支持可以降低自闭症儿童母亲的亲职压力水平,可能是因为在抚养儿童的过程中,社会支持可以促进父母提高抚养儿童的能力,帮助父母较快形成新的角色结构,减轻父母在抚养儿童过程中产生的消极情绪压力。[②]

(四) 母职的力量

多少母亲视母职为天职,母亲爱儿女是天性。对于自闭症儿童母亲来

[①] 秦秀群.孤独症儿童母亲的亲职压力及相关因素研究[J].中国心理卫生杂志,2009,9:629-634.
[②] 秦秀群.孤独症儿童母亲的亲职压力及相关因素研究[J].中国心理卫生杂志,2009,9:629-634.

说,虽然养育子女的过程倍感艰辛,但是她们也同天下母亲一样,只为儿女付出而不求回报,唯一期盼的只是孩子一个健康平安的未来。"爱"与"责任"成为了本研究中母亲实践母职的理由。本研究中自闭症儿童母亲在面临相关支持欠缺带来的种种压迫经验的基础上,也向我们展示了其在与孩子互动的过程中获得的母职的愉快经验,包括孩子细微的进步、纯真的笑容、体贴的行为等,为她们带来了母职的成就和满足感。自闭症儿童母亲在艰难的实践母职的经验中,能接受孩子的缺陷,重视她们的优点并肯定孩子微小的进步,是母职力量的来源且是其积极生活经验的源泉。特别是在家人的支持和充足资源的调配下,母亲不仅仅收获养育孩子的快乐,更因此而得到人生意义的提升,带来自我的改变与成长,更产生关怀、体谅相同境遇的母亲和其他弱势群体之心,甚至付诸于社会关怀行动。这个结果的出现也正好回应了艾德里安(Adrienne)主张母职体制与母职经验的两个不同层次,认为母职经验可能是母亲喜悦和创造力的来源,而非韧性的母职体制则限制了母职满足感的形成。① 如同一般人所认为的,毕竟孩子的成长只有一次不会重来,能够陪伴孩子成长对于孩子和母亲而言都是幸福的,即使是这样一路辛苦地摸索走来的自闭症儿童母亲。

自闭症儿童母亲在历经忐忑、等待的煎熬、愤恨烦忧、矛盾等苦涩滋味时,也在其中感受到一股甜美的滋味,虽然孩子的障碍曾令其挫败、不知所措,加上令其难以喘息的家庭沉重负担,却都未让母亲放弃孩子,依旧不断地摸索,四处奔波寻求资源,这都是因为母亲即使在困境中仍怀抱着希望,用希望影响未来。虽然近年来自闭症儿童人数有大幅的上涨,但社会上对于自闭症儿童的认知却还十分有限,自闭症儿童家庭所能获得的社会支持与资源还比较缺乏,因此如何整合服务资源以缓解自闭症儿童家庭在处理或面对问题的困扰,让自闭症儿童家庭的育子路走得更为平稳,这将是社会和教育工作者努力的方向。

---

① 许靖敏.发展迟缓儿童母职经验与体制的探讨:以女性主义观点分析[D].台湾大学社会学研究所社会学论文,2002:169.

第四章　自闭症谱系障碍儿童家庭的生态系统

家庭是自闭症谱系障碍儿童居住时间最长、最主要的成长环境,家庭功能受到养育自闭症谱系障碍儿童而面临较大的考验,也会影响家庭生活与家人互动的模式等,因此自闭症谱系障碍儿童家庭必须学习新的养育方式和教养观念。而伴随自闭症谱系障碍儿童成长的过程中,家庭不断地与外界产生互动,进而形成关系网络。而这些关系网络的支持与否则决定着自闭症谱系障碍儿童家庭的功能与品质的高低。

根据布朗芬布伦纳提出的发展取向的生态系统观点,家庭是生态系统中最初始的社会生物体系,生态系统自微观系统开始,扩及中间系统、外部系统再到宏观系统。以自闭症谱系障碍儿童为例,如图 4-1 所示。微观系统是自闭症谱系障碍儿童参与的活动与家人彼此之间的互动等,若是在核心家庭中,则指儿童与父母的关系、家庭中父亲与母亲的关系等。若当家庭系统扩大时,个体接触的对象则除了父母之外,还包括祖父母、亲戚等家人与亲近的照顾者。而这些关系的建立则成为了自闭症谱系障碍儿童家庭内部的支持系统。

当微观系统扩充至家庭所属的社区、儿童就读的学校或机构等,不同的团体彼此之间就会产生紧密的相互联系,形成所谓的中间系统。此时自闭症谱系障碍儿童借助微观系统中家庭的关系,透过家庭与中间系统的运作来获取良好的成长条件。若存在适宜的支持模式则会使自闭症谱系障碍儿童得到良好发展,如及时的早期干预、高质量的学校教育以及融合性社区等。

外部系统则包括家庭成员朋友、家庭成员工作环境、社区医疗服务与社会福利等。在此系统中,家庭成员的工作场域中的相关人员往往可在系统中成为有效的支持者,而社会医疗服务和社会福利等则能够提供有效的支持以缓解家庭压力。最外层的宏观系统则是指特定社会文化中的主流意识和态度,将会直接或间接地在家庭、学校等情境中影响自闭症儿童的成长,影响自闭症儿童家庭的压力感受与应对。

本章将根据布朗芬布伦纳提出的发展取向的生态系统观点,结合自闭症谱系障碍儿童主要照顾者的叙说,以及其生活经验的梳理,具体从自闭症谱系障碍儿童家庭生态的角度,着重分析自微观系统扩展至宏观系统的过程中,自闭症谱系障碍儿童家庭的需求困境以及支持现状。

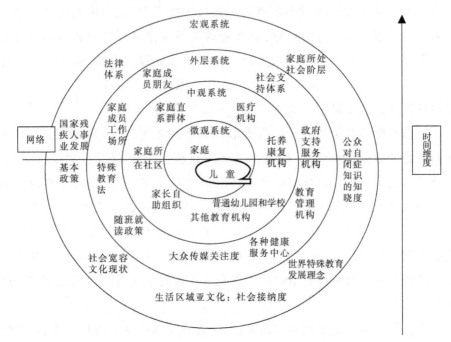

图 4-1　自闭症儿童社会生态系统模型①

第一节　自闭症谱系障碍儿童的家庭微观系统

自闭症谱系障碍儿童的微观系统来自于家人之间的互动,罗杰斯(Rogers)、奥兹诺夫(Ozonoff)等人发现,自闭症谱系障碍儿童以有限的社会情绪

---

① 熊絮茸,孙玉梅.自闭症儿童社会生态系统初探[J].中国特殊教育,2014,7:42.

能力仍然和母亲建立较好的依恋关系,亲子之间的关系也有趋向成熟和发展的过程。[①] 在微观系统中,第一层关系即是家庭内部,相对来说人际关系范围较小,起始于主要照顾者,通常是母亲。而随着孩子长大,关系的范围扩大,则可能包含了父亲、手足和其他亲属。本研究过程中,主要的照顾者均为母亲,而孩子与母亲之间的关系则是其生态系统里最核心的关系。虽然不同的家庭有着不同的角度和故事,但受访者均对家庭关系的理解,对家庭的运作情况存在一些共通的理解。

一、家庭角色

随着已婚女性就业数目的增加,"男主外、女主内"的传统性别分工似乎已经在改变之中,然而在孩子的照顾方面,仍然可以看出社会期待母亲成为孩子的主要照顾者依旧是目前的主流意识,也是现今社会普遍的状况。从本研究的访谈资料分析发现,即使在分工平衡的家庭中,丈夫对家庭责任承担较多的家庭中,母亲依旧是自闭症儿童的主要照顾者和教育规划、执行的主要负责人。"母亲是孩子的照顾者,应该为孩子的成功失败负责任"的母职要求似乎深刻地影响着她们,她们不仅是被家人要求或期待尽到母职,无形中她们自己也内化了这样的建构,担起照顾和解决自闭症儿童各种问题的责任,并成为自闭症儿童照顾的责任中心,而先生则根据参与多寡等不同程度地成为自闭症儿童照顾的圈外人。

相比较先生或其他家人,妈妈们会因为对母职的崇高要求而使得她们的身心受到相当程度的影响,例如她们常常遭遇孩子进步缓慢、停滞不前,于是怀疑自己是否有尽到母亲的职责,是否在教育孩子的问题上表现出懒惰,是否不是一个好母亲。研究里的小青常常感叹别的家长在教育自闭症儿童的时候好有耐心,而自己却做不到,于是陷入深深的自责之中。不管妈妈们有无家人支持、有无工作,都将照顾孩子作为她们主要的生活实践。于是,在本研究中呈现出这样的状态,在理想母职光环的照耀下,母亲们没有选择的机会和权利,而是 24 小时投入到养育自闭症儿童的生活中,生活完

---

① 宋鸿燕.自闭症:早期介入与家庭支持[M].台北:心理出版社,2008:115.

全限制在家庭这个领域之中；而先生因为扮演经济来源的提供者的角色而可以选择不照顾孩子或只是临时性地参与，造成了对母职压迫的现象。这种压迫不仅给她们带来了身心压力，最明显的影响是母亲们个人时间的完全剥夺，自身权益隐没在母职的压迫下而不可得，个人的发展也因此受到限制和阻碍。例如，小慧在谈到自己长期在家照顾小孩，感觉都有点与世隔绝了，跟不上时代了的感觉。小美也在访谈中提到，因为小孩的特殊问题，自己在工作中并不能全身心投入，事业发展也一直停滞不前。

二、夫妻关系

在母亲成为自闭症谱系障碍儿童主要照顾者之后，所谓的家庭照顾实际上成为了母亲照顾。而由于自闭症谱系障碍儿童的各种发展问题和稀缺的社会资源，母亲只能全身心投入到看护和教育孩子的活动中，而对于其他角色几乎无力承担。如本研究中小美说：除了当妈之外，我觉得很多时候没法当一个好老婆，没法当一个好女儿，也没法当一个好老师。

本研究中，几位母亲在养育自闭症孩子之前均有自己的工作。然而当得知孩子患有自闭症之后，深知要同时兼顾两者几乎是不可能的任务，因此只好停止工作或打消再工作的念头。除小美外，访谈中的母亲均辞掉了原先的工作，带着孩子四处奔波寻求好的教育资源。而小美也在原有工作的基础上，不断地减少工作时间用来投入到照顾孩子的战斗中。

当家庭成员都在努力去应对各种"自闭症"问题时，一连串的压力会使得家庭关系变得紧张和复杂，各种情绪也很容易演变成冲突。而原有的家庭模式因为母亲辞掉工作，而导致家庭压力倍增。随着时间的推移，压力、失落与错位逐渐累积，倘若无法寻求应对的突破口，那么很容易出现家庭冲突等等。例如，本研究中，小美说到和丈夫之间也曾出现过紧张的关系：

> （丈夫认为）我那么辛辛苦苦给你赚钱回来，我容易啊，你带个孩子还那么不乐意，还每天愁眉苦脸，我在外面累死了，受了气之后，回来还没个笑脸。

而小美的解释是：虽然能够理解他赚钱很辛苦，但是我很难给他笑脸，为什么，我一天被这个孩子折腾一万次了，这个时候我都快崩溃了，我看到家人，等你回来的时候，我再给笑脸，真的不可能，我真的做不到，不是说我不想做。

而随着时间的发展，家庭能够清楚地了解目前的状况，能够共同了解并接受事实，相应地有机会去采取适当的应对与调适措施。一方面来调整养育孩子的过程，一方面也是夫妻关系的调整。在本研究中，自闭症谱系障碍儿童的父母在不同的阶段表现出不同的转换过程，正是在不断重新调整和重新检视的过程中，努力发展出积极的正向的家庭关系。

三、亲子关系

在本研究中，自闭症谱系障碍儿童的主要照顾者均为母亲，因此在与母亲的亲子关系上均能发展出较亲密的依恋关系。但是随着自闭症谱系障碍儿童发展障碍的凸显，亲子关系往往又会变得脆弱或紧张。如小利的儿子脾气较为暴躁，有时候表达不出自己的想法的时候，就会用头去撞墙，有段时间看他撞墙，小利也一点办法都没有，甚至对儿子说，"你要撞墙你撞死算了，我来帮你撞。"由于缺乏有效的干预指导，在面对各种突如其来的系列问题时候，母亲往往只能用粗暴的方式来对待，比如小利说到早期与儿子的相处，"刚开始的时候孩子经常挨打，因为也不会教。再就是耐性，虽然说妈妈的耐性较好，但是也很有限，一直在受挫折的话，就会联想到怎么这么笨，所以有时候也会打、也会骂。"小利认为一方面由于缺乏环境的支持，一方面欠缺家庭的支持，所以完全是靠"自己在家里冥思苦想"，"孩子的问题行为太多，很多时候都是束手无策的，不知道应该怎样去应对"。当然，随着对孩子了解得越深入，专业知识了解得越多，家长们的心态也会逐渐发生变化，而渐渐能够找到与孩子互动的方法，能够开始享受融洽的亲子关系。如小利针对孩子的生活能力进行家庭训练，提升了孩子观察周围事物的能力，能在她生病时候为其端水拿药。

在亲子关系中，母亲的心理感受是跟随孩子的问题发展而不断地起伏变化的。沉浸在为人母的喜悦中，以为开始的是一项愉快的旅程，谁曾想喜悦还未褪去就经历了第一次紧急刹车——孩子被诊断为自闭症了。由于信息的缺乏、他人的不理解这些阻力的存在使得绝望、无助的心情随之而来。而当孩子在一天天的干预和训练中，慢慢地不断进步，周围的支持越来越多，母亲头顶的乌云似乎又开始渐渐散去，体会到为人母的骄傲和欣慰。但好景不长，当孩子又一次陷入"发展停滞"的状态中，母亲的挫败感又会油然而生，又开始了忧心和烦恼的日子。正如访谈中小美所讲的不断循环的心理过程：

> 我经常就是这样，自己一个循环，一段时间很恶劣，孩子表现也很糟，自己表现更糟，然后当自己发现自己接近于一个崩溃的时候，就会对自己说你省省吧，你所有这些疯狂的表现都没有任何意义，然后你就自己觉得先歇一下，歇一下之后再来想想可以做什么，然后再来做，就会发现你再来做事，你的情绪会好一点，孩子也稍微好一点，好一点以后，然后过一段时间你又会变得崩溃，就是属于这种。

在亲子互动上，自闭症儿童母亲必须不断地从尝试中、挫败中去寻找出适合孩子的教育方式，以减少孩子所表现出的问题特征。母亲在教养自闭症儿童的过程中，最大的困扰即是不知道怎样来教，在没有经验可供依循的情况下，只能尝试不同的教育方式，再从自己与孩子的互动中、挫败中不断地去审视与反思，并从自己与孩子的互动方式与心态上来调整和改变，所以母亲对于自闭症儿童的教育是在不断尝试、摸索、反思与调整中不断发生改变的。

本研究中，自闭症谱系障碍儿童的父亲均能够对家庭有所支持，但在亲子关系上，仍然显得较为脆弱或悲观。如小美的先生悲观地认为孩子不能坐飞机，会出现很多问题。在与孩子的互动过程中，父亲也往往扮演着较为被动的角色。如小青说到自己的先生很少辅导孩子作业，除非她让他这样做。而小利的丈夫甚至患上了抑郁症，觉得生活没有希望，一点都不喜欢孩子等等。而母亲为了帮助父亲和孩子之间建立积极的正向的关系，还需要理解和尊重父亲并给予父亲较多的支持。如小雅为了让先生能够正面看待自己的孩子，故意把班上写的比较差的作业给她先生看，或者让先生帮忙带更难带的孩子，经过比较，先生会发现自己孩子的优点，并形成积极的认识。

小美也说到在先生和孩子的互动上,完全地尊重和理解先生,考虑到先生自己的感受,虽然认为如果先生能多带孩子出去会很有益处,但也不会强求先生这样做。

四、其他亲近关系

台湾学者陈一蓉发现自闭症儿童母亲感受到所需要的社会支持越多,其适应倾向就越好,除配偶提供的支持外,当需要可延伸到家庭、朋友、同学、邻居等提供某种支持时,其适应倾向好。[①] 正如参与本研究的自闭症儿童的母亲能够以较好的心态去回顾过往所经历的生活经验,也正是因为她们在养育孩子的过程中受到了来自丈夫、家人和其他人的支持和帮助,才有了将自己的经验分享给她人的想法。

本研究中自闭症儿童母亲在家庭中的支持主要来自于丈夫和其他亲人,其中丈夫的支持尤为重要。因为孩子父亲的支持不但可以分担母职的角色,更可以提供母亲个人情感和内在需求的支持。正如多位受访者谈到的,自己的先生不仅承担家庭经济支柱的作用,还能帮忙照看孩子,以及在受访者遇到挫折的时候给予受访者鼓励。戴森(Dyson)的研究也表明,当母亲经验到或受到较多的社会支持、较正向的家庭关系时,母亲所感受到的压力较少。[②] 而来自于其他家人的支持则能够更多地减轻母亲的愧疚和自责心理,成为母亲照看孩子的帮手。

如小青谈到在养育孩子的过程中,孩子的爷爷奶奶经常给予经济上的支持,而孩子的姑妈除了日常的帮助照料之外,还积极地提供信息的支持。小雅也说到自己特别感激孩子的爷爷奶奶,因为他们从来没有觉得孩子不行而看轻他,反而给予他足够的关爱,让其幸福地成长。小雅带着孩子和爷爷奶奶同住,爷爷奶奶对孩子非常疼爱,因此,只要小雅有事情外出,爷爷奶奶就自动担任起照顾孩子的责任,甚至在外出接受训练的时间,也由奶奶一

[①] 邱敏文.母职实践——一位乡镇地区劳工阶级自闭症儿童母亲的辛、心、欣路历程[D].台湾东华大学多元文化教育研究所硕士论文,2009:43.

[②] Dyson, L. L.. Father and mother of school-age children with developmental disabilities:Parental stress, family functioning ,and social support[J]. American Journal on Mental Retardation,1997,102:267-279.

同前往照顾孩子和自己的生活。小静也说到：我的母亲给予了我一些帮助，但公公和婆婆开始并不理解，就说这样的孩子你就没有必要再花这么多钱，这么多精力去，因为他们的感觉就是他已经这样了，你再怎么努力，他还是会这样。当然，后来因为我们的坚持，老公的爸爸妈妈才慢慢地理解，生活上也开始帮衬着我们。

小利在谈到家人的支持时，也特别提到自己的姐姐。当初在刚确诊孩子是自闭症之后，心里难受，打电话给姐姐，姐姐立马就让他们搬过来一起住，帮助照看，并且经常带自己的孩子出去玩，极大程度地减轻了自己的精神压力。

但是并不是所有的亲近关系都能给予自闭症谱系障碍儿童家庭理解和支持。如小美在谈到周围亲人给予的支持时，认为完全没有，并且认为这种局面会让家庭生活得更艰难。

> 我觉得我的孩子越是这样的话，我越需要一家人。很简单，我的孩子没有办法，他没有能力跟这么多人去交流，去接触，可是这个时候，比如说是自己家里亲人的话，你去跟他说几句话，多陪他玩一会，这个东西对孩子来说真的很重要，提供一个大的家庭环境可能更重要。在这一点上面怎么说，我不知道，这个我一直没敢深想，但是就是说，是缺乏爱心还是说，觉得这个孩子会拖累他人，还是会怎么样，我没敢太深想这个问题，但是总的来说，我认为他原本也能得到更多一点的这种人力资源。

小利也谈到自己的公公婆婆并不能理解他们，更谈不上支持，而只是一味地责怪他们："把孩子跟残疾人搞在一起，越搞越差，你让他跟正常的孩子在一起，不是越搞越好吗？"谈到这些，小利也很无奈，虽然心里难过，但也没有办法。

第二节 自闭症谱系障碍儿童家庭外系统

自闭症谱系障碍儿童家庭外系统包括了自闭症儿童生态系统中的中观

系统,外部系统和宏观系统,它是自闭症谱系障碍儿童家庭赖以生存的外部支持系统。自闭症谱系障碍儿童家庭正是在与学校、机构、社区以及医院等团体互动的过程中获取专业资源,并得以向外扩展。而自闭症相关服务或支持在国内尚处于发展阶段,因此自闭症谱系障碍儿童家庭在向外扩展的过程中并不那么顺遂,往往也承受相当大的压力或挫折。本节主要围绕自闭症谱系障碍儿童家庭外系统中医疗机构、教育机构、社区组织、父母职业场域以及家长互助组织等角度来分析自闭症谱系障碍儿童家庭的外系统生态。

一、医疗机构

自闭症谱系障碍儿童的"确诊"往往最早始于医疗机构,因此医疗机构所提供的专业资源往往是最有效或最直接地激发家庭动力的关键。但早期的大多数国内医疗机构在面对"自闭症"这一新兴名词时仍然显得知之甚少,更别说医疗资源的整合,专业服务的跟进等。如小美在谈到自己带孩子就医的过程中发现,由于医生缺乏专业知识,导致自己走了不少弯路。

> 我的孩子生下来以后,基本上长期在 A 医院看病,我们也有很熟悉的医生。但是对我孩子在医院的各种表现,医生如果有一点点常识的话,他是可以看得出来的,那种孩子一眼就能看得出来与众不同的,但是 A 医院的医生都没有看出来,后来跟 A 医院儿科的医生提到"自闭症"这个名词,医生也很茫然,只是说,好像听过这个名字,然后我就非常无语了。

> 后来我们认识一个儿童医院工作的熟人,她介绍我们去 B 儿童医院,从医生的反映才看出,这个事情好像是很严重的事情,然后等到回家,上网一查……你看我是很意外的碰到了某个人,才能够了解原来是这种状况……我觉得政府每年各种用于这方面医学的很多,但能否,不说广大的老百姓,儿科医生,你能否做一个普及,我觉得这个是必要的。

小青在谈到自己第一次带孩子去医院诊断的时候,医生不恰当的话语给予了自己沉重的打击:当时是跟她姑妈一起去的,去的 C 儿童医院的康复科,那时孩子两岁多,医生就说她有自闭症……再一个当时那医生心情像很差一样,很没有职业道德地说,"你这个伢(方言:小孩的意思),比那个苕还要拐(方言:比智力落后的小孩还要差)"……医生完全不能理解,也不知道他这句话说出来别人怎么受得了。医院检查后,医生仅仅是给了一个康复机构的宣传单给小青,也没有做过多的解释,所以小青拿着诊断书也完全不明白自己应该怎么办,接下去要做什么。

小利也谈到自己的孩子第一次被医生诊断为发育迟缓,还花钱去上了医院的亲子游戏班,但是发现对孩子没什么作用。后来问诊断医生说,会不会是自闭症。诊断医生因为不是特别擅长诊断自闭症,还一再肯定她的小孩肯定不是自闭症,就这样耽误了早期的诊断时间。

理想的专业支持系统应该是经由家庭医生转诊,在医院中由康复医生规划并早期介入,包括医疗、康复等有关部门实施介入方案,在学校由特教专业人员主导并协调各相关单位制定个别化教育计划,联合社工与特殊教育人员协助执行康复教育计划。[①] 但是现实情况是,早前的医疗服务行业并未形成一个系统完备的生态体系,医疗机构仅仅给予了一个残酷而冰冷的结果,没有后续的支持服务,也没有后续的康复计划,更没有家长心理的调适。所以就像小利讲到的,诊断完回到家,和丈夫抱头痛哭。也如小雅谈到的拿到诊断书后,由于没有详尽的信息,去网上一查更多都是负面消息,因而情绪特别低沉,都有过轻生的想法。医疗机构欠专业化的服务,对家庭生态的忽视,都导致了自闭症谱系障碍儿童家庭在最初被确诊的时段里经历了最艰难的岁月。

二、教育机构

这里的教育机构不仅仅包括自闭症谱系障碍儿童的就读学校,还包括在早期进行康复教育的场所。自闭症谱系障碍儿童的家庭都是第一次接触这样一个新的名词,知识储备上是完全不足的,因此亟须寻求专业上的指引和规划。可是在当时专业机构相对比较少,可以寻求的资源有限,那么家庭

---

① 宋鸿燕.自闭症:早期介入与家庭支持[M].台北:心理出版社,2008:121.

往往会不得不花费大量的人力物力将孩子送到外地著名康复机构中去接受"黄金时间段"的训练,如研究过程中发现,大多数孩子均接受过至少三家康复机构的训练,远的如北京、青岛等知名机构,近的多在省内和邻近省份之间参加各地的培训和干预项目。一方面这些项目的参与需要拖家带口去短住或常住一段时间,另外每个项目的收费也并不低,作为工薪阶层的家长来说,是很难长期支付这样的费用的。如小雅说到当时在培训机构里做康复的情况:

> 当时收费也是特别高,我觉得我们这些人是工薪阶层,他爸爸原来拿一千多块钱,觉得好艰难,所以不能每年都去,只有当孩子遇到问题的时候,自己不知道怎么办,就想着去获得一点专业上的指导……在那里学习的时候,奶奶和我们在一起,她负责做饭洗衣服,我只用盯着孩子,在那边学习了五个月之后就自己回来教他了。

小美也谈到自己的孩子在康复机构里接受训练,很难长期坚持,虽然夫妻二人都是教师,都有收入,但面对康复费用仍然是入不敷出:

> 你像我现在都不敢做长期,为什么呢,现在你让我去那里待一段时间,我也待不下去,我这种经济能力是承受不起。像我认识的有一个某地农村的孩子,家里在机构旁边租了一个房子,也没有太多的经济来源,把孩子放在机构训练,那个妈妈就做点手工活去卖,然后挣康复的费用,后来孩子待了不到两个月就回去了,没钱做康复了,像这种家庭真的是很难的。

小利在拿到孩子的确诊书后第一时间想去医院的康复中心排队,可是想想自己的家庭收入,又退缩了,于是准备自己在家里教:

> 自己在家里教,但是不会教,也不知道怎么下手,你喊他他也不理你,你叫他坐他也不坐,他也不看你的眼睛,我记得小时候他不看我的眼睛,我就去看他的眼睛,他把头一扭,他可能觉得我很讨厌的。后来医院开了一个ABA的家长培训班,培训了三天,当然是收费的。那个培训班还是有收获的,至少知道怎么去教了……后来碰到一个康复机

构的老师,每次去他家进行康复训练,一周一次,两个小时,并且老师会为孩子制定训练方案,我就按照这个训练方案去教。

早期的干预和康复完全凭借家长自己的力量,对于自闭症谱系障碍儿童家庭来说,在经济上和人力上,乃至精神上都是较大的一项挑战。同时也看到了由于缺乏专业的支持和服务,自闭症谱系障碍儿童的康复过程显得零散曲折。家庭与专业人员支持的网络并未顺利搭建,难以满足自闭症谱系障碍儿童的发展需要,甚至影响家庭微系统中的亲子关系和家庭和谐。

孩子接受了早期干预后,转眼又面临着入学的需求。而入学之路也并不顺遂,甚至又是一场家庭与外系统之间的拉锯战。比如小美说到自己的孩子进入特殊学校的经过:

> 你说家长们需要帮助,这是第二个需要帮助的地方。其实现在很多孩子也是蛮艰难的,去哪里都很难,普通学校收的话,不那么容易,有可能说家长陪同,学校接受也有可能……有些不用陪读但是因为比较调皮,也会经常挨训的那种也有,但是就是说家长们能够待在那个学校里面,基本上还是比较小心翼翼,然后求爷爷告奶奶那种,所以这个就是说,都很难。比方说我们能进这个特校,其实也很难。学校经常有这么一句话,我们本来是不收自闭症的孩子的,经常说,一有什么问题就拿这个话噎你,然后我们也不敢去提过多的要求。所以就是说,当你会觉得自闭症的孩子需要一些跟智力落后的或者其他残疾的孩子不一样的东西,可是你不能提。……我的孩子进这个学校,也算是运气比较好,因为本来户口是不在那个区的。但是当时我有去学校咨询并留了一些资料,我的孩子有一些特长,比如会游泳、骑车、溜冰等等,然后人家看了之后,觉得这个孩子也许还可以吧,所以后来就打电话让我们去了。但是话说回来,这种幸运有时候我觉得,不是天上掉下来的,说实话为了让我的孩子学会这些东西,付出了多大的代价是难以想象的……

小雅的孩子曾经被多所幼儿园拒绝,甚至有幼儿园为了保障其他孩子的安全,将小雅的孩子和别的小朋友隔离,后来小雅为了孩子,自己当起了幼儿园老师，照顾孩子的生活和学习。好不容易进入小学后，小雅最担心的就是老师会不会接纳自己的孩子。

> 然后就是他上学的时候，我就是睡不着觉啊，不知道去学校，要不要说孩子有问题。如果说有问题别人肯定不要，要是现在说没问题，将来发现问题，老师更不可能接纳孩子了。为了让学校愿意接纳，我去学校找过好几次，告诉他们我为孩子做的，在这个孩子身上付出多少，保证孩子在学校的时候不会影响别人。时间长了之后，老师们也看到我确实是在用心地帮助孩子成长，从心理上老师开始觉得这个孩子是值得同情的，也就慢慢接受了。

小利的孩子也是通过关系上了一年的幼儿园，后来因为年龄问题就没去了。本该进入小学的孩子因为户口不在特殊学校对应的区域，进不了特校，普校更不做指望，于是小利联合几个熟悉的家长创办了一个小型的康复场所，但最后也因为缺乏资金而难以维持下去。

> 为什么自闭症就这么难。我有段时间不理解，有时候我就想，是不是因为我们这个孩子教育的价值不高，是不是感觉教育他没什么用，所以他不愿意去做，还是有别的原因……我觉得是自己支持自己你，自己去积极地跟家长在一起去，为了自救吧。谁也没有那么多能力去搞，也是搞自救，帮助孩子发展。

目前学龄期和青少年时期自闭症谱系障碍儿童的教育已经成为人们关注的热点，广州、福建等地也相继开办了自闭症学校，专门招收自闭症学生。但是面对数量如此庞大的自闭症群体，仅靠几所专门学校去解决入学问题，显然是不切实际的。而随着世界各国融合教育的推进，自闭症儿童的融合教育也应该成为一种必然的趋势。北京、上海等地在自闭症儿童融合教育上开展了多种形式的尝试，并实施了融合教育推进计划，郑州也于2013年首次提出自闭症可以随班就读的政策，虽然具体实施的效果或推行的质量还有待检验，但起码能一定程度上缓解自闭症谱系障碍儿童入学难的问题，帮助减轻家庭负担。总之与自闭症谱系障碍儿童家庭微系统紧密联系的教育机构，倘若不能有效地履行干预、教育和康复的职责，那么只会给家庭向外系统的扩展增添阻碍和压力。

三、社区组织

社区是由居住在某一地方的人们结成多种社会关系和社会群体,从事多种社会活动所构成的社会区域生活共同体。它的要素不但包括地域、人口、文化和组织,而且还包括共同的心理归属。① 国内外相关政策文件都明确指出社区在参与特殊儿童教育与康复、支持特殊儿童融入社会上具有非常重要的作用。如2008年新修订的《残疾人保障法》里明确指出:"政府、社会、学校应当采取有效措施,解决残疾儿童、少年就学存在的实际困难,帮助其完成义务教育",并且强调"地方各级人民政府和有关部门,应当组织和指导城乡社区服务组织、医疗预防保健机构、残疾人组织、残疾人家庭和其他社会力量,开展社区康复工作。"《残疾人权利国际公约》在第十九条里也提出了"独立生活和融入社区",指出残疾人享有在社区中生活的平等权利以及与其他人同等的选择,并应当采取有效和适当的措施,以便残疾人充分享有这项权利以及充分融入和参与社区,包括确保残疾人获得各种居家、住所和其他社区支助服务,包括必要的个人援助,以便在社区生活和融入社区,避免同社区隔绝和隔离;残疾人可以在平等基础上享用为公众提供的社区服务和设施,并确保这些服务和设施符合他们的需要。

但现实情况下,社区并未能成为自闭症谱系障碍儿童家庭的有力支撑,反而有时候因为认识不够、处事方式的问题而引起家庭的反感。例如小雅说起自己所在的社区:我觉得社区这一块是做得非常不好的,我觉得非常不满意。因为在你最困难的时候他们帮不上你的什么忙,然后他们还有歧视你的感觉,就是觉得这样的孩子值得可怜、同情,本来是寻求帮助的,得不到一点安慰……比如去年我们一起培训的家长说到他们社区有补助,虽然补助不多,但心里说实话,很欣慰的是有人在关注这些孩子,多多少少也是有点爱心吧。但是我们社区没有,去年孩子的奶奶去社区里面问,别人才给了一些,但是我就觉得心里蛮不舒服的,不是说我来要你的东西,这应该是

---

① 黄兆信,万荣根.社区:融合教育实施的重要场域[J].教育发展研究,2008(23):79.

你主动给我的……

小青也说到自己所在的社区虽然知道自己的情况，工作人员也觉得没什么，更别提后续的支持性服务，逢年过节的时候还是孩子的姑姑主动去社区申请，说我们家有个残疾孩子，才能享受到一点点社区的关爱。

虽然社区的关爱很小，但在自闭症谱系障碍儿童家庭看来，那却是寒冬中的温暖，足以激发家庭的动力和情感。如小静说到他们社区在家庭支持这块做得不错：去年发了一些慰问品，我觉得物质上面是另外一个问题，我感觉到一丝温暖，我说也享受到了这个社会，享受到了政府给我们孩子的一种关爱，虽然东西不多，但是心情上面还是很让人愉悦的。但是我们也知道并不是每一个孩子都能享受到社区的这种关爱……

社区是区域性的社会，所具有的功能具有多重性的特点，对于特殊儿童家庭来说，社区救助的功能则是最直接或最能受益的。现有的社区体系必须逐渐重视家庭支持这一发展方向，协助医疗机构、教育机构以及社区资源共同为社区内特殊儿童家庭提供协助和缓解困难处境。只有这样，自闭症谱系障碍儿童家庭才能更好地融入社区生活，更全面地享受社区服务，更平等地共享社区资源，才能够与社区和谐共生。

四、家长支持圈

家长圈是指有着共同处境的自闭症谱系障碍儿童的家庭所组织起来的互助团体。家庭是自闭症谱系障碍儿童成长和发展的重要场所，而家长则是最了解和熟悉他们的人。在系统化的专业服务还没有建立起来时，家长之间的互助则显得尤为重要。一方面家长之间的经验交流，可以帮助尚在彷徨的家庭带来心灵的慰藉，驱散心中的乌云；另一方面，可以为年轻家长在尚未获得专业支持之前找到教育孩子的良方。在我们访谈的几位家长中，都谈到了过去曾经受到其他家长的影响，无论是在养育孩子的经验上，还是在心理的成长上都有所获益。

小美谈到曾经接受过同是自闭症儿童家长给其提供的帮助，正是通过与这位家长的接触，让其看到教育的希望，并找到教育的方法来帮助自己的孩子。小雅也说到自己刚得知孩子有自闭症时，最先的反应就是去寻找有经验的家长,看看怎么能学到更多的知识来教育自己的孩子。后来小雅去到外省一个自闭症家长办的机构去接受训练,看到那位家长教育出来的孩子已经能够基本的生活自理了,才开始逐渐明白教育的重心和方法。在平日的训练过程中,遇到问题难以突破的时候,小雅也会经常和这位家长讨论交流。小利也说到正是由于家长圈的这种力量,使得当初很多家长走到一起创办了康复机构,来帮助更多的家长和孩子走出困境。

家长圈的建立不仅对自闭症谱系障碍儿童家长有好处,对儿童来说也是大有益处。家长在家长圈里能更好地学习与自闭症谱系障碍儿童相处的技巧,提升他们的教养技能和教养成就感。自闭症谱系障碍儿童的父母通常对自己养育孩子的能力是缺乏自信的,特别是在刚开始的那几年,完全不知道应该如何对待这样的孩子,甚至会怀疑自己的能力,然后出现自责并表现出负面的念头。而家长圈的出现则能够很好地消除家长的孤立感,为其提供有效的支持。如目前武汉市自闭症家长自发成立的互助会就通过各种形式来影响和帮扶自闭症儿童家庭,如举办讲座、开设基地培训活动、组织参观交流等,在武汉地区自闭症儿童家庭中起到良好的引领和榜样作用。再如荆门市自闭症儿童家长联合会同样也是积聚家长的力量,为新老自闭症儿童家长带去了知识,带去了关爱,也得到了壹基金组织的认可,甚至影响了当地人民对于自闭症儿童的认识和看法,起到了较好的示范作用。所以在发展自闭症谱系障碍儿童家庭支持体系的过程中,有相同经历的家庭组织是重要的环节。政府也需要创造条件,鼓励家长团结起来,共同对抗自闭症这一所谓的"精神癌症",让自闭症家庭能够感受到温暖和阳光。

五、朋友支持圈

除去家长圈,自闭症谱系障碍儿童家长另一个有效的支持团体就是朋友圈。朋友圈的范围较广,有家长的上级领导、公司的同事,还有身边的朋友,甚至是小区的邻居,这些人群构成了自闭症谱系障碍儿童家庭有力的朋友圈,在日常生活、看护孩子以及心情疏解上都起到了强有力的效果。也正是这样的一些社会心理支持,才是让整个自闭症谱系障碍儿童家庭舒缓压力的关键点。与家庭外重要他人的关系是情感支持的一项重要来源。相较于在家庭外拥有正向互动者,那些无法和家庭外的支持者每天正向互动的母亲对孩子明显较差。[①] 如小美说到自己身边的朋友圈给予过自己很大的支持,让她能够坚强乐观地走到今天。在得知孩子患有自闭症后,领导让她别担心,先该干吗干吗,并且尽量缩短她工作的时间,也尽量配合她的时间来安排工作。对于自己在工作上的"不上进",也尽力的包容和理解。"单位比较照顾的,单位对于我的状况很熟悉,所以很照顾,就基本上我有事就去,没事就开溜,所以一般早上我送孩子去学校,然后再去单位……后来我的朋友,跟我关系比较好的同事都知道了我孩子的事情,包括小区里面的邻居,后来他们任何时候看到我家孩子,我家孩子不理他们,他们还是经常跟他说说话,这样更热情了,我觉得对于孩子来说,这是更和谐的环境"。小慧在访谈中也提到,自己的朋友也会经常打电话让其带着孩子一起出去聚会,她们都知道孩子有自闭症,但是都没有把他当成负担,反而每次都帮着一起照顾,玩得很开心。小利也说当自己被儿子折磨得受不了的时候,也会偶尔偷闲与邻居朋友打打麻将,这种转换频道的生活,才能让她忘掉疲累,重拾乐观心情。

朋友圈的形成,让自闭症谱系障碍儿童家庭得以走出自己的小家,来到社会的大家。与朋友的相处,一方面可以帮助家长们获得认同感,一方面也是减压的一种方式,是自闭症谱系障碍儿童家庭精神支持的重要来源。而稳定和谐的朋友圈关系则是自闭症谱系障碍儿童家庭走出社会的强有力支撑,因此家庭在构建内部系统的和谐过程中,也需要考虑到外部朋友圈的拓展和功能,以扩展家庭的生活空间。

第三节 自闭症谱系障碍儿童家庭生态的反思

本节着重从自闭症谱系障碍儿童家庭的生态系统出发,分析了在家庭系统中和家庭外系统中自闭症谱系障碍儿童的生存境遇和发展困境。结合上一章主要照顾者的生活经验,我们可以发现自闭症谱系障碍儿童家庭不

---

① [美]Donald Collins.家庭社会工作[M].魏希圣译.台北:新加坡商圣智学习,2009:128.

仅存在着多重的养育负担,并且严重缺乏社会的支持,导致家庭压力的增加和生态联结的脆弱。

一、自闭症谱系障碍儿童家庭的多重负担分析

我国对特殊儿童家庭的社会支持政策极为有限,儿童主要的生活场所在家庭,也主要依靠家庭为其提供养育、保护、照料、发展和参与的服务。而在研究过程中,我们发现,给予家庭最大压力的则是照料负担、经济负担、儿童发展负担、精神负担以及社会参与负担。

(一)照料负担

自闭症谱系障碍儿童由于存在着认知发展的局限,因此在理解具体情境上存在着问题,家长在日常生活照料过程中面临的困难较之于普通儿童要大得多。而且这种照料负担并不会随着孩子的成长而逐渐减少。如本研究中小美谈到要让孩子学会一项能力,不是一天两天可以完成的,而是需要日积月累的锻炼和不断地重复。并且这种照料负担并不会因为孩子入学就会有所减少,相反可能需要考虑得更多。如小雅的孩子就读于普通学校,但是她并不能向普通孩子的家长一样,把孩子送到学校就不管了,而是为了孩子能安心地留在普通学校,需要全天候地进行陪读,时刻盯着自己的孩子,以免他出现一些过激的行为。这种照料负担一方面极大地耗损了家庭的经济收入,另一方面也带来了精神的压力。首先,由于母亲要全身心投入到孩子的照料中,因此只有辞去工作,而断掉家庭中的一部分收入来源。其次,由于母亲全天候承担着孩子的照料任务,无暇分心去照顾家庭中其他成员,势必引起家庭关系的紧张,也容易因为高强度和长时间的照料引发自身心理情绪的问题。

(二)经济负担

经济负担在我们调查过的家庭里面都有所呈现,只是轻重程度不同而已。在调查家庭中,大多数都是由父亲一人承担了养育家庭的责任。而由于自闭症谱系障碍儿童有着终身的康复需求,因此医疗、康复、教育等带来的经济压力较之于普通儿童又更多。如本研究中小静说到自己多年前曾带孩子去外地训练,每个月除去学费外,还要负担房租以及生活费等,一年费用将近四五万元。而这些对于只有一份收入的家庭来说，显然是沉重的经济负担。因此自闭症谱系障碍儿童往往是在机构里面学一段时间，再由父母带回去自己教，很难持续地一直在康复机构中进行专业化训练。

特别是目前我国自闭症康复机构以民营为主，治疗康复费用居高不下。《中国孤独症家庭需求蓝皮书》调查结果显示，多数自闭症家庭每月用于康复治疗的费用在 3000 元至 8000 元不等，这对于普通工薪家庭而言，不是一个小数字。[1] 2011 年国家再次出台《残疾儿童康复救助"七彩梦行动计划"》，提出中国残联将在 2011 年至 2015 年间，由中央财政安排专项补助资金，支持各地实施残疾儿童康复救助项目，其中包括为 3.6 万名 3-6 岁的贫困自闭症儿童康复训练给予补助，按照每年人均 12000 元进行。[2] 虽然自闭症儿童以及家庭的境遇在政府的大力扶持下，有所改善，但是面对大量的教育、康复、就业和成年养护等问题，自闭症家庭的经济压力仍然未能有所缓解。大多数时候，家庭必须依靠自己的力量来设法解决几乎所有的经济问题，这些经济压力最终还是落在了自闭症儿童父母身上。

（三）儿童发展负担

由于自闭症谱系障碍儿童的发展特征以及社会服务政策的缺位，其未来发展始终是家庭的困扰，成为儿童发展负担。在我们曾经做过的调查中发现，家长们"非常担忧孩子的未来"，几乎有超过 90% 的家长有此担忧。随着大批自闭症儿童步入大龄阶段，他们迫切需要一个自闭症青少年及成年教育培训机构对他们进行职业培训和生活养护。在日本，对于大龄自闭症患者主要通过庇护性工厂开展社会救助，由普通人带领自闭症患者一起劳动，按照能力来分工，使自闭症患者在普通人辅助下以半社会化方式参与劳动。目前在北京、上海、广州、大连等地都已经开始建立起了自闭症成年养护中心，其他地方也有家长团体尝试依靠家长群体的力量来解决自闭症就业与养护的问题，但是自闭症儿童社会性教育专家甄岳来认为这仅仅只是民间行为，如果没有国家政策的保障，自闭症的就业安置、成年养护、财产托

---

[1] 孤独症家庭承受重压"星星群体"呼吁社会支持[EB/OL].新华网，2014-11-22.
[2] 残疾儿童康复救助"七彩梦行动计划"实施方案[EB/OL].

管都会存在隐患,因此大龄自闭症的就业与养护还是需要从民间个体行为上升到国家行为,需要国家给予法律和政策的保障。而自闭症谱系障碍儿童面临的儿童发展压力则直接与社会给予自闭症谱系障碍儿童所提供的发展服务密切相关。如本研究中小雅的孩子能够进入普通学校,相对于来说其生活满意度就较高,而面临孩子无学可上的小慧家庭,其生活满意度相对就较低。

(四)精神负担

自闭症谱系障碍儿童家庭的另外一个重要的负担,即是精神负担。没有与自闭症谱系障碍儿童相处过,或没有亲身照料过这些孩子,很难以想象家庭所承受的巨大压力。如小美就说:"只有这么一个孩子,而这个孩子基本上是很小的可能性给你任何成就感,人在不断地面对挫折,今天面对挫折,明天面对挫折,我后天再面对挫折,这个时候她的心理承受能力确实是人们难以想象的。"小静也说:"我曾经在家里我就一个礼拜不出门,把窗帘一拉,我就坐在床上想,为什么是我,我们的小孩会有这样的病,我就坐在那里哭啊哭。"除了担心孩子的问题,有时候也会因为孩子不听话而出现负面的情绪,甚至冲动起来打骂孩子。在面对孩子的问题时,家庭一直处于较为矛盾的状态,一方面确实能够理解孩子不是故意出现各种问题的,另一方面也由于照料的压力而喘不过气,甚至出现消极情绪等。而反省自闭症谱系障碍儿童的生态系统,我们会发现,家庭与儿童的成长发展是紧密相关的。如果儿童一直处在消极的家庭氛围中,再好的干预方法可能也很难产生效果。所以首要的是应该改变家庭的生态。只有父母好了,孩子才会好;同样只有父母好了,教育才会好。因此,对于自闭症谱系障碍儿童的干预应该看到孩子背后的环境,以及孩子背后的家庭,采取以家庭为中心的干预模式要比以儿童为中心的干预模式更有效。[①]

(五)社会参与负担

自闭症谱系障碍儿童家庭的社会参与负担表现在各个方面。首先,家

---

① Ashum Gupta, Nidhi Singhal. Psychosocial Support for Families of Children with Autism[J]. Asia Pacific Disability Rehabilitation Journal, 2005, 2:62-83.

庭需要为自闭症谱系障碍儿童的生存和发展积极寻求资源。如小利长期在为自己孩子的上学问题，成年后的养护问题等与政府相关人员、社区相关人员进行沟通和"斗争"。她说："从我的孩子四岁开始，我就在开始向政府部门诉求，有的孩子家长已经诉求八九年了。我们每年两会都要请假找政府的单位，教育局，政府办公室等，给这些地方写信、发邮件，反正是能找的我们都找了，虽然有一定的效果，但是效果还是不那么明显。"如小雅也提到，为了把孩子送进普通学校，不仅要多次去找校长面谈，还要向校长保证，自己的孩子绝对不会影响其他学生，在和老师互动的过程中，也一直处于劣势，不敢提太多的要求，也尽量配合老师的各种安排。其次，不仅是自闭症谱系障碍儿童会遭遇到来自社会和家庭的歧视和偏见，自闭症谱系障碍儿童的家庭也可能是歧视和偏见的受害者，甚至是亲近人的歧视，而家庭为了让孩子能有更平等的参与权，也付出了相当多的心力。如小美曾经提到孩子被小区邻居恶劣对待的事情仍表现得非常气愤。小利也谈到孩子的爷爷奶奶曾经不理解孩子，甚至认为孩子缺乏教养。在缺少来自政府和社会支持的背景下，家庭在独自应对这些沉重压力时往往力不从心。

二、自闭症谱系障碍儿童家庭生存境遇的反思

本研究中，几位母亲在养育自闭症孩子之前均有自己的工作。然而当得知孩子患有自闭症之后，深知要同时兼顾两者几乎是不可能的任务，因此只好停止工作或打消再工作的念头。除小美外，访谈中的母亲均辞掉了原先的工作，带着孩子四处奔波寻求好的教育资源。而小美也在原有工作的基础上，不断地减少工作时间用来投入到照顾孩子的战斗中。母亲们这种无奈的选择，一方面是基于传统母职的压迫，希望自己能够完成他人和自己期待的母亲角色，更重要的是社会责任的缺失。

从前面对于自闭症谱系障碍儿童家庭负担的分析，我们也可以看出，由于政策的缺位或社会的歧视或冷漠，这些家庭需要承担额外的负担。这种责任的缺失表现在社会缺乏对自闭症儿童应有的福利保障，使得自闭症儿童家庭在养育自闭症儿童的过程中缺乏法律和政策支持、缺乏经济支持、缺乏专业知识的支持以及缺乏舆论的支持。因此在政府资源不完善和传统性别分工的双重束缚下,母亲们不但要面对孩子康复训练的高额费用,还要克服孩子入学安置的棘手问题,甚至要面对他人的冷嘲热讽,常常陷入比一般儿童母亲更艰难的困境和更绝对的母职要求。在先生不调整就业又缺乏他人协助的情形下,母亲们可以说除了选择母职之外,是没有其他选择权的。

在西方发达国家,自闭症患者享受社会给予的终生福利待遇,社会支持的力度较大,援助内容也能涵盖医疗训练、就学就业等各个领域。虽然我国已经把自闭症儿童纳入到残疾人范围,地方政府已经开始给予自闭症儿童家庭一定的补贴,但是这种补贴对自闭症儿童家庭的沉重负担来说仅仅只是杯水车薪。本研究中受访者母亲均表现出对于照顾自闭症儿童的经济压力。其次,母亲的生活经验中还充斥着对于自闭症儿童未来生活的担忧,这种担忧也是源于社会责任的缺失。在保障自闭症儿童生活的过程中,目前并没有详细的条条框框指导,因此自闭症儿童的照顾仍然处于家庭自救的阶段,并不能看到清晰和有保障的未来,使得自闭症儿童母亲在照顾自闭症儿童的过程中充满担忧与焦虑。

从上可以看出自闭症儿童家庭在目前环境下获得的资源实在是十分有限,医生不熟知自闭症儿童、学校不收自闭症儿童、社会不理解自闭症儿童、政府又缺乏对自闭症儿童的照顾,没有提供基本的服务措施,却让家庭承担起照顾自闭症儿童的主要责任,而在母亲被期待是孩子照顾者的情形下,所谓的家庭照顾就是母亲照顾,母亲因而缺乏生活的选择权,被限制于母职照顾工作之中,给母亲的身心带来巨大的压力和负面影响。

第五章　自闭症谱系障碍儿童家庭支持系统的建构

通过对自闭症谱系障碍儿童家庭主要照顾者生活经验的分析，以及对自闭症谱系障碍儿童家庭生态的探究，可以看到每个家庭的承载都过于厚重，每个家庭包括孩子都得不到足够的支持。而家庭良好功能的实现，显然也需要独立而丰富的生命模式和完备的体制系统作为支撑。因此，设想现有的政策和服务能足以支撑自闭症谱系障碍儿童和家庭，那么必然每个人都可以从中得到足够的滋养。而在无法对现行的补救式福利制度做根本性改变的情况下，对自闭症谱系障碍儿童家庭提供帮助和支持是最有效率的。

支持家庭，不但能为自闭症谱系障碍儿童增能，提升家庭抗逆力，以促进其更积极为儿童寻求其他社会支持，更能够避免其成为自闭症谱系障碍儿童权利实现的障碍。本章重点从如何为自闭症谱系障碍儿童家庭提供多样化的服务，以及如何构建自闭症谱系障碍儿童家庭支持系统这两个角度展开论述，最后对整个研究过程进行反思，希望促进未来研究的深入。

第一节　多样化的家庭支持服务

家庭支持服务可以视为一种有效的资源，作为缓解自闭症谱系障碍儿童家庭压力的有效屏障，能够协助家庭从压力危机中复原。考虑到前面我们对于自闭症谱系障碍儿童主要照顾者生活经验的诠释以及自闭症谱系障碍儿童的家庭生态系统，自闭症谱系障碍儿童家庭的支持服务可以是精神上的、也可以是物质上的、甚至是讯息上的等。而这种支持服务的获取方式可以是正式的（如专业人员、医生护士等）也可以是非正式的支持（如来自配偶、亲属等）。不管是正式的还是非正式的，对于自闭症谱系障碍儿童家庭来说都是不可或缺的。当自闭症谱系障碍儿童家庭拥有足够的支持服务时才可能使照顾者的身、心理负荷减至最低；对社会而言也可以相对减少社会成本负担。因此，为自闭症谱系障碍儿童家庭提供支持服务可以从以下几个方面开展。

一、政策福利

对于自闭症谱系障碍儿童家庭提供的政策福利既包括经济的协助，也包括医疗系统早期介入的政策，还包括就学、就业以及成年养护等方面的支持。目前国内对于自闭症谱系障碍的官方政策仅有中国残联康复部颁布的《贫困自闭症儿童抢救性康复项目实施办法》，提出每年按人均为12000元标准来为贫困自闭症儿童提供康复训练服务，以及卫生部办公厅关于印发《儿童自闭症诊疗康复指南》的通知，强调及时发现、规范诊断儿童自闭症，并要求医务人员掌握科学、规范的诊断方法和康复治疗原则等。在关于就学、就业以及成年养护方面都缺乏有效的政策保障和支持。而在美国，自闭症是属于联邦承认的十三种残疾之一。[①] 因此联邦的各项法律中都有关于自闭症的相关条文，以保障自闭症儿童和其家庭的权益，甚至是提供政策和经费用以支持自闭症的各项研究。政策福利还包括对自闭症儿童早期介入的规范化。自闭症谱系障碍儿童早年所发展起来的习惯和经验，是日后发展的重要基础，尤其以0-6岁更是发展过程中的黄金时期。因此，对于自闭症谱系障碍儿童来说，需要把握时效，通过政府的联动，组织医疗、保健和教育等不同部门相互协作，共同为自闭症谱系障碍儿童或家庭提供支持。

目前政府对自闭症儿童康复训练的介入，主要以政策性资助为主。但是面对数量广大的自闭症儿童群体，政府拨款，仍然只能是杯水车薪。并且目前大多数自闭症谱系障碍儿童的财政补贴只限于1-6岁的自闭症儿童，那么6岁以后怎么办，特别是自闭症成人，无法独立就业，那么家庭经济压力如何解决等，都是需要政府的政策约束和刚性配置的。

政府应主动承担自闭症人士的福利责任，加大国家财政投入。福利政策应该尽早介入，保障自闭症儿童与家庭的基本生活需求和持续发展。比

---

① 李敬.透视自闭症—本土家庭实证研究与海外经验[M].北京：研究出版社，2011：209.

如,对患儿尽早筛查诊断、登记追踪,尽早开始康复干预训练,以确保干预效果;在教育安置上给予更多支持,联合相关部门推进融合教育的开展;在大龄养护上投入更多财力,建立大龄患者日间照料和托养机构、职业培训和福利工厂等,帮助成年自闭症患者能够更好地生存和发展;在康复机构的管理上,应该进一步严格规范康复机构认证工作,推进康复机构发展的专业化和规范化。

另外,政府应积极倡导社区为家庭提供支持服务,以减轻家庭中儿童照料的负担,如设立社区托管所、提供钟点工服务,并可以通过服务购买的方式来更好地在社区中支持自闭症谱系障碍儿童家庭。

二、个别化的家庭服务方案

不同的家庭背景因素对于支持服务的需求会有所不同,例如自闭症谱系障碍儿童的障碍程度、年龄、家庭背景等都会影响家庭的需求。因此不管提供哪一种形态的家庭服务,都应该因应不同的家庭形态和需求,做好家庭需求评估,确定适合家庭需求的支持服务方案。特别是在目前自闭症人数不断上升,意味着越来越多的家庭必须面对照顾上的冲击与挑战,也因此可能有越来越多的自闭症家庭对于资源与社会服务的需求也跟着增加。但在资源有限的情况下,如何将资源进行有效及合理的分配以满足不同家庭的需求则是服务提供者需要认真考虑的问题。因此,针对不同家庭进行个别化服务方案的设计,进行需求的评估有助于更系统化以及更持续地进行家庭的支持和服务。

个别化的家庭服务方案首先在于能够以整个家庭为服务的对象,而不是以儿童为主要的切入点。因此在制订方案时首先应该考虑到对其家庭生态系统的了解。除了对家庭内微系统和外系统的了解,个别化的家庭服务方案还必须了解家庭系统内的各项内容。特恩布尔(Turnbull)等人提出家庭系统的概念架构图,应用在个别化的家庭服务方案中可以帮助我们更好地了解家庭系统内的各项关系和内容,如图5-1所示。

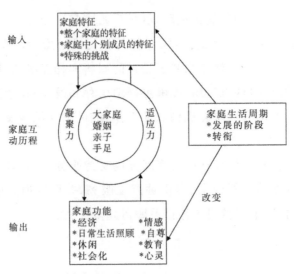

图 5-1 家庭系统概念架构图[①]

方案的制订过程中需要考虑自闭症谱系障碍儿童的家庭特征、家庭互动历程和家庭功能的表现以及家庭生活周期。具体包括家庭成员数量、家庭成员的健康状况、家中出现自闭症孩子后带来的挑战；家庭之间的互动关系，如父母和祖辈、父母之间、父母和孩子之间以及兄弟姐妹之间等；家庭在履行其功能的过程中是如何呈现效果的，如在经济、日常生活照顾、情感等方面的具体表现；最后是家庭生活周期的了解，如孩子目前所处的发展阶段，是早期介入的黄金时间、还是青春期抑或是成年等，是否需要特殊的转衔服务来帮助度过家庭危机等。孩子大多数时候是生活在家庭的环境里的，因此充分了解这一背景，能够更有利于制定有针对性的康复方案或家庭支持计划。

其次，个别化家庭服务计划需要评估家庭的需求或了解家庭的困境。如家长本身由于自闭症儿童的出现而情绪低落，甚至是消极厌世，那么希望家长作为主导力量而设计的康复方案显然是不适合这个家庭，甚至是这个孩子的。倘若家庭本身就因为照料负担过重而无法全身心投入到孩子的训练康复中，那么再好的方案也仅仅只是纸上谈兵。因此，这里强调个别化家

[①] 钮文英.身心障碍者的正向行为支持[M].台北：心理教育出版社，2009：519.

庭服务计划,是希望未来的家庭支持服务能够在了解家庭需求和困境的基础上,制定个性化的,有针对性地方案和计划,能够切实提升家庭功能并促进儿童发展。

最后,个别化的家庭服务方案一定是多团队合作的。家庭与专业人员之间的亲密合作是方案得以有效执行的有力保障。通过家庭与专业人员的合作,专业人员能够更好地了解家庭的优势、家庭的潜能以及家庭发展的愿望,并同时专业人员能够更好地指导家长参与并促进孩子各项技能的发展。这种多团队的合作模式能够增加自闭症谱系障碍儿童发展上的可能性,并帮助整个家庭更好地渡过难关。

三、专业指导

家庭支持服务方案中父母是重要的角色,也是孩子最好的治疗师。但任何父母一开始都没有做好教育自闭症谱系障碍儿童的准备,他们需要专业的指导,同时也需要鼓励和强化,以减轻教养上的挫败,尽早调适好对于自闭症这一障碍的认知。

养育一个自闭症谱系障碍的孩子,对每一个家庭来说都是一件特别的挑战,从孩子出生到被鉴定为自闭症,这一过程对很多父母来说都是戏剧性的,他们也需要调适,也需要一步步地适应。因此,家庭专业指导的首要任务就是心理的辅导。从本研究中受访者的心路历程来看,大多在知晓孩子为自闭症时都会有震惊、难以置信、伤心、慌乱、绝望等不同层面的负性情绪。有研究也显示,在教育特殊孩子的家庭中,自闭症谱系障碍儿童的家庭压力是最大的。[1] 也有研究发现,自闭症谱系障碍儿童的母亲所经历的悲伤,要超过患有智力障碍儿童的母亲。[2] 因此,要改善家庭功能,促进儿童发展,最重要的是父母的身心灵健康地发展。就如本研究中小美所说:"我现在的前提不是孩子,首先是我自己能好,我能好孩子才能好。我好了,我才

---

[1] Gray, D. E. Coping over time: the parents of children with autism[J]. Journal of Intellectual Disability Research, 2006, 50(12): 970-976.

[2] Olsson, M. B., & Hwang, C. P. Depression in mothers and fathers of children with intellectual disability[J]. Journal of intellectual Disability Research, 2001, 45: 535-543.

会任何时候给孩子笑脸。"那么心理辅导一方面可以通过专业人员的心理疏导,同时帮助家长掌握应对压力的策略,让家长有能力去解决问题或是做决定,提升沟通技巧,有效利用社会资源,逐渐恢复自信和懂得放松自己。另一方面也可以通过家长团体之间的交流,通过和有着同样经验的家长进行交流,释放自己的情绪,能够有效地帮助疏解压力,发挥家长圈的支持作用。

另一方面,专业的指导则来自于养育技能的协助。多数的文献都支持家长应该充分充当孩子的干预治疗师。[①] 一方面通过专业指导,家长能够掌握更多的干预技巧,能够更有效地与孩子之间进行互动,促进孩子的进步;另一方面,接受专业指导后的家长能够更加游刃有余地处理自己孩子的问题,能够更有效地减少孩子问题行为的发生,也能够更好地激发家长的教养成就感,增强亲子互动的信心。另外,家长掌握教养技能后,成为主要的干预治疗师,不仅能够更整体全面地规划孩子的生活,在日常生活中渗透教学的内容,另一方面,也可以帮助家庭节省康复经费开销,对整个家庭的发展也是大有裨益的。专业指导的内容具体可以包括训练家长直接地教导孩子新的技能以代替问题行为的发生,与孩子沟通的技巧增进亲子之间语言和非语言的沟通能力,游戏的技巧以及教养环境的创设等。

四、喘息服务

喘息服务即为临时或短期照顾,或短期临托服务、居家服务等,虽然说法不同,但是服务的内容是一致的,主要是针对自闭症谱系障碍儿童家庭提供临时照顾,可以是在家庭里面进行的,也可以是在机构里面进行的,帮助家庭成员可以从长期的照顾工作中得到暂时放松。在先前生活经验的调查研究中我们发现,自闭症谱系障碍儿童的家长深陷于"家"这一生活空间中,而生活时间则完全围绕"自闭症儿童"展开,缺乏独立自由的闲暇时间,身心无法得到放松和调适。例如曾经有自闭症谱系障碍儿童的家长说,孩子有睡眠障碍,曾经连续二十多晚无法睡觉,母亲为了陪伴他也二十多晚无法睡

---

① Ashum Gupta, Nidhi Singhal. Psychosocial Support for Families of Children with Autism[J]. Asia Pacific Disability Rehabilitation Journal, 2005, 2:62-83.

觉,若这时有人能协助陪伴孩子,让她可以在白天短暂休息一下,就能够有力气继续照顾孩子。[①] 因此,喘息服务对于自闭症谱系障碍儿童家庭是必要且是重要的支持。若政府能够提供充足、适当且普及的喘息服务,确保家庭照顾者享有类似于单休、双休或几小时空闲的基本权益,让照顾者能够得到应有的休息,有助于家庭度过困苦时期。

根据不同家庭个案的情况,喘息服务的内容也可以趋于多元化,例如看护照顾服务、协助饮食服务、协助清洁服务、延续教学内容、陪同休闲、陪同就医甚至是生活自理能力的训练等。正如本研究中小美谈到的,若存在这样的喘息服务,对家长的帮助肯定是非常大的,起码在临时照顾的那么几个小时里,家长能够有足够的时间去调整自己的状态,让一直紧绷的神经得到稍微地释放,有张有弛,才能减缓压力。目前国内的喘息服务大多是由家长团体联合志愿者义务来进行,但缺乏一定的政策保障和资金投入,难以保证喘息服务机构的长期运转或服务质量,还需要政府考虑纳入社会服务的购买项目,进一步规范化运营,为自闭症谱系障碍儿童家庭提供强有力的支撑。

五、家庭互助

本研究中受访者均表示其他自闭症谱系障碍儿童的家长所给予自己的帮助是最实际且最贴切的。家庭互助旨在通过家长团体或家庭小组的方式,促进家长之间的分享和交流,让家长们能够更坦然或更理性地面对孩子的障碍。相似情况的家长所给予的协助往往是以过来人的角度出发,提供的协助更能够贴近家长,也更能够让家长们感同身受。曾有研究者做过自闭症谱系障碍儿童家长支持团体成效的研究,发现参与家长支持团体的成员情绪压力得以缓解和调适比未参加活动前放松的占到了80%;参加支持团体的成员更能与其他家长互动及沟通自闭症谱系障碍儿童的教养问题,包括学前安置、人际互动、情绪行为、就学转衔、亲师沟通以及学习环境的适

---

① 喘息服务,让身障者家庭走得更远[EB/OL]. http://www.ah-h.org/news1.asp?ID=30.

应等,也占到了80%。①

家庭互助团体不仅能帮助自闭症谱系障碍儿童家庭减轻精神压力、提升教养经验,更重要的是往往能够凭借团体的力量为自闭症谱系障碍儿童争取更多的社会资源,对家长和自闭症谱系障碍儿童都有很大的帮助。国内目前大多数省份都有家长自发组建的家长互助会,通过交流会、QQ群以及讲座等多种方式,不仅给予家长们提供舒缓压力的空间,也积极联络相关专家举办各类讲座丰富家长的专业知识。但家庭互助团体在发展过程中仍受到财力、人力以及专业发展上的局限,还需要社会各方面给予扶持,以促进家庭互助团体更好地为自闭症谱系障碍儿童和家庭服务。

第二节 全面的家庭支持系统

就特殊儿童的教育而言,若要取得成功,必少不了家庭、学校与学生本身的努力,环境的配合更是必不可少。然而在现实环境下,自闭症儿童家庭所面临的问题除了自身的心理调适、教育问题、家庭系统的改变外,自闭症儿童的求学之路、就业之路以及未来发展都需要社会的支持和协助。家庭支持服务一方面能够缓解家庭的压力,减轻家长的焦虑,另外一方面也能够构建起强有力的保护伞,促进自闭症谱系障碍儿童和家庭在良好的支持系统内得以生存和发展。本节即是从自闭症儿童家庭的生活经验和生态系统出发,试着从研究结果中寻求出一些可供思考改进的方向,以作为后续相关政策制定的参考。

一、家庭内部的正向调整

自闭症儿童的出现不仅对父母的心理、生活产生冲击,也影响到家庭中家人的互动,但若有良好的应对方式则将有助于自闭症儿童家庭的适应,因此以下针对自闭症儿童家庭提出下列建议。

---

① 李佩桦等.泛自闭症儿童之家长支持团体成效探讨[EB/OL].台湾发展迟缓儿童早期疗育协会第十四届早疗专业论文. http://www.caeip.org.tw/modules/AMS/article.php?storyid=756.

(一)审视并调整对自闭症孩子的心态与互动方式

母亲或家人对于自闭症儿童的心态和互动方式影响着自闭症儿童家庭是否能很快地适应自闭症儿童所带来的冲击。在对孩子的心态方面,本研究中自闭症儿童的母亲小雅在谈到孩子的教育问题上,就特别强调自己以前总看到孩子不好的一面,于是总是处在焦虑和忧心之中,觉得活不下去了,而当自己的心态调整之后,开始去认识孩子好的一面的时候,发现孩子的情况越来越好,自己的心也越来越宽;而对于孩子未来的路,其他几位受访者都提到了最令她们担心的是孩子将来的生活自理问题,因此她们并没有花太多的时间在文化课的学习上,而是将教育的重点放在了生活自理能力的训练。

此外,研究结果也发现父母若能及时发现孩子的潜能,积极地向外发展孩子的特长方面,那么自闭症谱系障碍儿童才更有可能得到向外拓展的机会,也才能获得更多的成就感,丰富人生的厚度。当然,在这个过程中,家庭需要抱持着参与就好的平和心态,不过分强求学习的结果,只为让孩子体验或参与普通孩子一样精彩的人生,这样既减轻了孩子和母亲的压力,又能够积极地为自闭症儿童提供丰富多彩的生活和建立自信心。

在亲子的互动方面,本研究中的小雅和小青均在重新审视生活经验中感受到自己对孩子的过分关注使得孩子对自己非常依赖,也反思到可能是因为一开始的不放心,或者觉得孩子做得不够好,心急之下帮孩子做了很多原本孩子可以自己慢慢学着去做的事,而逐渐养成孩子的依赖性格。可见给予孩子一个独立自主的成长空间是很重要的,孩子虽然在发展上有些滞后,做的也许并不完美,但只要给予他尝试、练习的机会,便有进步的可能。因此建议自闭症儿童的家长不要凡事包办代替,不妨放手让孩子学着做一些力所能及的事情,培养他们独立自主的能力。

(二)增进家人之间的沟通

良好的沟通对于家庭功能和抗逆力至关重要。现代家庭生活的复杂结构与需求,使良好的沟通显得更加重要,但也更有难度。特别是在遭遇危机、混乱的过渡阶段,或面临长期的压力时,沟通会更容易遇到阻碍,但这个时候沟通恰恰是至关重要的。① 良好的沟通是促使家庭系统趋向平衡的"催化剂",因为自闭症儿童的出现常常会连带地对家人之间的互动关系产生影响,在家庭秩序的维持上容易变得混乱或僵化。以本研究中的自闭症儿童母亲为例,当她们发现孩子有自闭症后,母亲对于自闭症儿童的关注与陪伴时间便开始直线上升,而很难去再履行为人妻或为人子女的责任。若在此时,不能很好地去调适家人之间的关系,则很可能使这种亲密关系走向紧张。因此同家庭成员之间的横向与纵向的沟通对于缓解孩子的自闭症而引发的家庭问题是非常重要的。一旦沟通不良,结果可能会使得自闭症儿童母亲担负起更多的压力或引发家庭关系间的紧张。但若是家人之间能够进行良好的沟通,能够达成共识,则不管是上一代、配偶或者是其他亲人都能够成为自闭症儿童主要照顾者的助手,共同来支持自闭症儿童的发展。家庭在应对突发危机或持续的挑战时,情感的分享、正面的互动、积极的问题解决都有助于家庭关系的改善和提升沟通的效果。所以当自闭症谱系障碍儿童家庭成员用尊重的、合作的方式去共同解决孩子的问题时,积极应对挑战,乐观看待问题,家庭关系才会有更好的发展,也才会更好地促进孩子的进步。

二、专业人员的积极介入

根据霍尔(Hill)提出的 ABC-X 家庭压力理论,家庭若有障碍者,尤其是早年发生的发展性障碍者,是一个不寻常(非预期的)、是一个非意志的(非自愿的)、且是长期的事件,但并非每个家庭都会产生家庭危机而瓦解,在这种假设下,早期介入以提供家庭支持或协助家庭认知的改变,将是预防这些家庭瓦解的关键。② 当自闭症儿童家人在努力地调适以协助自闭症儿童克服障碍的同时,如果能适时地给予自闭症儿童家庭一些助力,则相信自闭症儿童家庭会更有力量去克服所面临的问题,因此针对社会工作者和教育专业人员谨提供以下建议。

---

① [美]Froma Walsh.家庭抗逆力[M].朱眉华译.上海:华东理工大学出版社,2013:117.
② 周月清.家庭社会工作—理论与方法.台北:五南图书出版公司,2005:134

（一）建立完善的社会支持网络

自闭症儿童家长在应对自闭症儿童所产生的困扰问题时，如果能够获得所需的相关社会支持，相信对于她们不管是在心理调适上还是问题的解决上都会有莫大的帮助，尤其当社会支持的内容能够与压力事件下的需求相符时更是如此。本研究中的自闭症儿童母亲因各自所处的家庭生态环境不同，由自闭症儿童引发的困扰问题也有个别差异，所以若能针对她们特定的困扰问题找寻出适合的社会资源，将有助于母亲利用社会资源与支持系统来处理或减轻问题所带来的困扰并增进其生活的适应。

此外要强调的是，社会资源与支持系统的运用若要对自闭症儿童家庭发挥预期的支持功能，除了要了解其家庭生态环境外，专业协助者与家庭间的关系也是很重要的。专业协助者与家庭之间若能有良好的合作关系，则专业协助者便更能在安排支援方案时，选择符合家庭价值观、资源与生活形态的服务目标与处理策略，而家庭成员也会较信任并且乐于参与方案的施行。

（二）根据自闭症儿童家庭需求设置家长培训课程

教育专业人员在设计家长培训课程时，有必要考虑到自闭症儿童家长对于亲职教育的需求可能因家长的家庭背景、子女的障碍情况、本身的教育程度等差异而有所不同，特别是对于自闭症儿童来说，每一个自闭症儿童都表现出与他人不完全相同的行为特征，因此很难用一种方法去解决一个自闭症儿童所有的问题，导致了自闭症儿童母亲在教养孩子方面可能存在着较多的问题。以本研究的自闭症儿童母亲们在教养孩子上所遭遇的困扰为例，除了针对孩子的发展问题和未来教育感到忧虑外，母亲最感到烦恼与无奈的就是不知道用什么方法来教孩子，与孩子的互动问题也常引发情绪的爆发，因此，有必要针对自闭症儿童家长来设计切实可行的家长培训方案，以帮助自闭症儿童家长克服其在教育孩子上所遭遇的困境。

三、国家政策的持续支持

由于社会大众对于自闭症的认知普遍缺乏，即使是一些儿科医生，对于自闭症也缺乏足够的了解，因此导致了本研究中受访者均经历了一条艰难的求诊之路。而自闭症儿童家长一方面要在这种困境中摸索前行,一方面还要去积极地与人沟通,设法让周围的人能够了解孩子的状况,理解孩子的问题,再加上有些家庭本身存有一定的经济问题,这些都导致了自闭症谱系障碍儿童家庭压力深重。他们往往既要求取匮乏的资源,也需要自身的快速成长,倘若国家能给予一些相应的支持和倾斜,那么他们的生活境遇或许能得到好转。鉴于此,研究者特提出政府在政策上能够提供的帮助。

(一)加强早期筛查与干预

参与本研究的自闭症儿童母亲均表示孩子在一岁多就有一些奇怪的活动特征或表现得较普通孩子特殊,只是母亲对于儿童自闭症相关知识并不熟悉甚至是完全陌生,因而直到孩子两岁多之后确实表现得发展缓慢,母亲才会寻求就医检查。正是由于信息的缺乏以及怀抱着长大应该就会好的心态,对于孩子初显的问题并没有给予重视或立即进行检查,以致延误了孩子的早期干预。因此若能向各级医院、初为人父母者、各类教师宣导一些自闭症相关知识,让她们能有更敏锐的知觉去及早发现孩子的障碍,并愿意去正视孩子的问题配合诊断,进行早期干预,那么孩子在今后的发展道路上遇到的障碍将会变得较少。另外要强调的是,干预自闭症儿童并不是一个治愈的过程,它是一个终生性的疾病,因此并不能够靠一些特效药或特效治疗来治愈,需要社会和家庭长期的坚持。

(二)提升大众认知与接纳

一般人对于自闭症孩子的最常用的解释便是不跟其他孩子玩,父母疏于照顾,很难将孩子俊俏的脸庞与母亲所形容的令其伤透脑筋、不知如何教导的孩子联想在一起。另外,多数自闭症儿童常常伴随有智力障碍,而被误认为是智力落后,以至于自闭症儿童父母常常需要花费很多的心力去弄清楚自己孩子的状况以及向他人解释孩子的情况。所以在国家政策上,除了期待能有政策性地向医院、学校或父母宣导自闭症的相关知识外,也希望能透过大众传播媒体将自闭症的知识推广出去,让社会大众对自闭症有基本的认识,而不再是责怪孩子不听话或者是家长的教养出现了问题。目前,我们已经看到随着关注自闭症群体的人越来越多,大众媒体宣传的跟进,人们对待自闭症谱系障碍儿童已经表现出更多的理解和接纳。

此外,本研究中的自闭症儿童家长们还提到一些因自闭症儿童知识未普遍而引发的一些误解,如小利的公婆便以这种孩子没有教育的希望来劝说小利放弃对孩子的辅导,因而使得小利与公婆间的关系变得紧张且偶有冲突。另外在孩子的教育安置上,除了小雅的孩子在普通教育环境中就读之外,其他自闭症孩子都被普通教育拒之门外。一方面这种拒绝是由于普通学校缺乏相应的师资配置,缺乏相关的自闭症教育知识造成的,另一方面也是迫于其他在校学生家长不认同的压力。因此希望借由自闭症知识的普及来提升社会大众对于自闭症儿童的了解及其家人遭遇的尊重,并且在接纳之余能够秉持着互助的信念提供所需的帮助,创造出有爱无碍的社会氛围。自闭症儿童家庭需要的不仅仅是保护的政策,更是一种同理、接纳的态度与社会风气,这也是推动她们克服障碍的最佳助力。

(三)提供相关社会福利

社会福利制度是基于维护人性尊严,并透过政策与立法,达到社会正义的结果。在美国、瑞典等国家,对于身心障碍者及其家庭从出生到终老,都提供了整个生涯且积极介入的福利。这不应该是个人个别处境的议题,而应该是国家福利的责任。本研究中受访者均表示了对自己孩子未来生活的隐忧,包括未来的生活保障、生活场所等。虽然近几年国家对自闭症儿童的扶持在相继开展,但是面对如此复杂的自闭症儿童和家长的需求仍然起不到切实有效的作用。相关研究也发现青年与成人自闭症父母最担心的事情是父母老后自闭症孩子的照顾问题。[1] 这和本研究的发现是一致的。在受访家长中谈到对孩子未来的思考,均表示对自闭症儿童成人后无处可去、无人照顾的担忧。这些孩子在父母逐渐老去后,是否仍然能够有尊严地活下去,受到社会的尊重和平等对待是父母心中最深的焦虑。因此,期盼国家以及相关单位能够更多地重视自闭症儿童的需要,规划制定相关的社会福利政策,去除自闭症家庭对于未来的担心,协助家庭促进孩子每一个阶段的成长,确保每一个独特的生命都能够成为璀璨的星星。

---

[1] 邱敏文.母职实践——一位乡镇地区劳工阶级自闭症儿童母亲的辛、心、欣路历程[D].东华大学多元文化教育研究所硕士论文,2009:153.

针对自闭症谱系障碍儿童家庭的相关支持政策,应遵循"以家庭为中心"的理念,关注家人的需求,增强家人的功能。而"家庭支持性服务"就是提供给相关障碍家庭最常见的社会福利方案。台湾学者周月清认为家庭支持性服务可以分为两大类①:照顾服务和传统发展服务。照顾服务包括喘息服务、照顾、无障碍空间、家庭咨询、支持性团体和到宅服务等。传统发展服务则包括行为管理、个案管理、需求评估、经济补助、个别咨询、健康维护、复健治疗和亲职技巧训练等。

(四)推行融合教育方案

在自闭症青少年教育问题上,政府各部门应共同推进自闭症融合教育的工作,提供强有力的法律法规的保障和刚性配置的支持。针对轻度的自闭症儿童和青少年,经过评估后确实认为可以接受融合教育的,要对其进行跟踪支持和评估,包括对于班级教师的专业支持,对于突发问题的应急处理等,都可以由资源教师进行协调和应对。重要的是要为学生创建积极的支持性的环境,保证融合不流于形式。另外,对于中度或重度的自闭症儿童和青少年,则可以采取普通学校特殊班或特殊学校的混合安置模式,在某些活动领域,进行适度融合,确保其融合的机会。当然,在这个过程中,普通学校教师的自闭症知识和能力的提升是一个关键的要素。教育部门应在师资培训课程里纳入特殊教育的内容,帮助普通学校教师认识自闭症的一些典型特征,了解自闭症儿童,帮助他们进一步树立接纳自闭症儿童的信心。另外,对于普通学校里承担自闭症儿童教育的任课教师和资源教师,亦应给予适当的财政补贴,以有效激发教师工作的热情和动机,提升自闭症儿童教育的质量。

(五)搭建自闭症成年的社区养护平台

在目前国内还无法实现单设自闭症成年养护机构的情况下,相关部门可以借助目前已经发展成熟的社区康复模式,实现自闭症青少年或成年社区养护机制。全国各地都有针对大龄残疾人的"阳光家园计划",这一计划是为智力、精神和重度残疾人提供生活托养、医疗康复、特殊教育、文体娱

---

① 谢秀芬等.家庭社会工作.台北:空中大学发行,2012:354-355.

乐、职业培训和护理照料等综合性服务的民心工程。目前只需要在现有基础上,进一步规范阳光家园的建设和服务范围,对阳光家园相关工作人员进行自闭症相关知识和技能的培训,就可以实现自闭症成年人的职业培训和社区养护的等内容。阳光家园依托社区,旨在为特殊人群提供最少受限制的环境,帮助他们在家门口就能够享受到康复服务,并且为各类特殊人群提供了多样化的托养方式,包括居家安养、日间照料和寄宿型托养三种方式。这种社区养护的模式一方面可以更有利于自闭症成年与家庭之间的情感传递,另一方面也顺应了国际上发展社区康复的潮流,能够更好地以社区为单位为自闭症儿童提供服务,照顾到城乡地区差异。

第三节 研究过程的反思

回首整个研究的历程,心中真是感慨万千。从对现象学的陌生到熟悉,对访谈技巧的生疏到熟练,对支持系统的思考与建构,一路走来经历了许多的成长。除了呈现研究的结果与文本外,研究者其实更想要真诚地分享自身在研究过程中的切身体验,作为未来进行质性研究的参考。

一、研究历程的反思

本研究是对自闭症儿童主要照顾者生活经验本质的揭露和意义的探寻,试图探寻自闭症儿童家庭的生存境遇,通过对自闭症儿童主要照顾者的访谈而建立文本,再由文本的分析而确定生活经验的主题,从而以诠释循环的过程去不断地发现和揭露生活经验,最后得出生活经验的本质特征以作为家庭支持系统建构的参考。研究的过程是如同文本分析一样,是一个不断循环往复的过程,而在这个过程中,研究者也体验到质性研究的艰辛与魅力。

首先是研究主题的确定。质性研究关注的焦点是人的生活世界或生活经验,因此研究者需要具备弹性、开放以及敏感的特质,让自己能够尽情地穿梭在各种经验的体会和探索之中。又因为研究是一条漫漫长路,如果对研究主题没有浓厚的兴趣,将很容易在研究进行中,特别是主题分析的过程中迷失自我甚至自我否定。研究者在设计研究计划的研究问题之初聚焦在自闭症儿童母亲的心理复原历程,这样的聚焦是透过文献的研究发现的,但是在真正进入访谈之后,受访者自己所陈述的生活经验并没能凸显复原历程这样的议题,而是涵盖了受访者在养育自闭症儿童过程中的生活点滴。由于这样的发现,研究者不受限于自闭症儿童母亲的心理复原历程而是开始转向关注自闭症儿童主要照顾者整个的生活经验的本质及其潜藏的意义的诠释。

在定下研究主题之后,接下来研究者开始思考透过怎样的研究方法来收集最多、最有用的资料。在浏览文献的基础上,研究者发现国内大多数对自闭症儿童家庭的研究都建立在量化的基础上,通过数字来衡量自闭症儿童家庭的压力以及需求。但是本研究想要了解的是一个生活的体验,是一个动态的过程,而质的研究是以研究者本人作为研究工具,在自然情景下采用多种资料收集方法对社会现象进行整体性探究,使用归纳法分析资料和形成理论,通过与研究对象互动对其行为和意义建构获得解释性理解的一种活动。① 因此,研究者选取了质性的研究方法。而在研究的视角上则选取从现象学的视角出发,毕竟生活体验是现象学研究的出发点和归宿。现象学的目的即是将生活体验的实质以文本的形式表达出来,通过这种转变,文本的效果立刻成为有意义事物的重新体验和反思性拥有;通过文本,读者自己的生活体验就会被充分激活,产生与文本的"对话"。而这也是研究者想要达到的最初目的,即通过受访者养育自闭症儿童生活经验的诠释,为那些还在痛苦挣扎着的自闭症儿童家长们提供讯息和反思,为相关的政策制定提供自下而上的参考。

为求深入受访者的经验世界并听到她们对于这一经验的真实感受,本研究选取半结构深入访谈方式来收集丰富的资料。质性研究中资料的取得多靠访谈,所以研究者和受访者之间的关系就变得重要,强调互为主体之外,两者间还包含着深深的信赖感。因此,在研究的进行过程中,研究者秉持着最大的诚意,期待能获得她们的信任而收集到丰富的讯息。然而后来

---

① 陈向明.质的研究与社会科学研究[M].北京:教育科学出版社,2000:362.

发现研究者的收获并不止于此,除了和受访者建立良好的关系外,在研究之余还经常与受访者在网上进行互动,讨论最近的生活点滴和分享一些有趣的事情。

在收集到所有受访者对于养育自闭症儿童生活经验的口语以及非口语的资料后,接下来就是如何在这看似相同却又不尽相同的资料中找到贴近生活经验的共同本质,通过反复地穿梭和循环在部分和整体之间达到第一层的理解、第二层的理解、第三层的理解以及持续地螺旋历程,并最终形成生活经验的共同主题。通过对生活世界的基本结构的四种基本存在(空间性、实体性、时间性和相关性)的反思,来探寻自闭症儿童家庭生活世界的基本涵义,发展出蕴含自闭症儿童主要照顾者生活经验本质的主题,分别是身心感受面向的"百样滋味绕心头";人际互动关系面向的"跌跌撞撞向前行"和"积极沟通得资源";以及生活空间和生活时间面向的"牺牲自我守小家"与"释然起身迎希望"。也正是基于自闭症儿童主要照顾者生活经验本质的分析,才有了对于家庭生态系统的全方位审视以及对于建构家庭支持系统的考量。

二、研究者的反思

与小美见面的西餐厅,与小雅喝茶的那个晚上,与小青见面时的那场漂泊大雨等研究过程的细节,在研究者撰写成稿的过程中,时不时地会闪现在研究者的脑海中。每一位家长在教育孩子上的坚持与毅力,更让我体会到母爱的伟大。当受访者讲到自己的孩子被诊断为自闭症的那一刻,眼眶里的泪水怕是饱含了长期以来的辛酸和委屈,而在谈到孩子的每一点滴的进步时,油然而生那种欣慰和幸福的感觉,也深深地震撼着我。而受访者谈到养育自闭症孩子所带来的改变时,都表现出对他人的感恩,也都在辛苦的历程中体验到幸福的魅力,认为养育这个孩子的过程给她们带来更多的积极意义,更宽容,是另一边美丽的风景。

作为研究者的我,进入特殊教育领域已经数十年了,过去专业研究的关注点都在特殊孩子的身上,总在学习和寻找有效的方法去帮助这些特殊孩子不断地取得进步,而很少关注到特殊儿童背后的家人。而这次的研究,使我有机会能够与母亲们近距离的接触,却发现过去存之于脑海里对母亲状态负面评价的词语很少能用在她们的身上。虽然照顾孩子的过程是枯燥、乏味和无奈的,但是每一位母亲都在将这一过程转化成发掘奇迹的过程。她们是那样努力地在生活,为了孩子,也为了自己,而在这不知不觉苦中作乐的过程中,却也的确让自己有所获和有所悟了。对母亲生活经验的关注让我更立体和全面地了解了特殊儿童生活的空间和脉络,也为我将来更好地服务于特殊教育领域奠定了基础。作为特殊儿童主要照顾者的母亲确实在照顾和教育特殊儿童的过程中付出了艰辛的努力,若特殊教育专业人士能够和母亲乃至特殊儿童家庭之间建立密切的联系,若社会能够为特殊儿童和家庭提供更多的支持和关注,定将帮助更多的特殊儿童享受到家庭和社会的温暖和乐。

  研究到此已紧接尾声了,但研究者深刻地体验到了质性研究的魅力,关注人,关注人的生活,关注生活的意义,也深刻地体验到了这种研究的过程和方法在研究者身上所发生的影响,开始更敏锐地去知觉生活现象,以互为主体的态度去理解他人的感受。自闭症儿童主要照顾者在养育孩子的过程中经历着百般地滋味,忐忑、愤恨、烦忧、欣慰,在养育孩子的路上艰难地摸索与调适,在传统母职的影响下甘愿牺牲小我而撑起孩子的天空,在经历了种种磨难之后能够豁然开怀以积极地心态去迎接孩子的未来,体现出自闭症儿童母亲在传统母职观念影响下的对孩子的爱与责任。而自闭症谱系障碍儿童家庭生活经验的现状也反映了家庭整个生态系统的不平衡,以及支持系统的缺位。虽然自闭症儿童家庭的故事在这里画上了句号,但是这个句号或许也代表着另一段故事的开始。唯有希望自闭症谱系障碍儿童的家庭支持系统能够早日全面建立,所有自闭症谱系障碍儿童家庭的故事都能平凡幸福!

参考文献

中文参考文献

1. 艾尔·巴比.社会研究方法(第11版)[M].邱泽奇译.北京:华夏出版社,2009.
2. 蔡慧芳.国小学障儿母亲生活经验之研究[D].嘉义大学家庭教育研究所硕士论文,2005.
3. 蔡素琴.家有青少年子女的母亲在亲子冲突历程中母职经验的叙事研究[D].高雄师范大学辅导与谘商研究所博士论文,2009.
4. 陈惠娟等."母职"概念的内容之探讨——女性主义观点[J].教育研究集刊,1998,7(41):73-101.
5. 陈捷.蜗牛牵我去散步[M].北京:北京大学出版社,2013.
6. 陈静惠.任其在我——身为长子女之手足生活经验探究[D].嘉义大学家庭教育与谘商研究所硕士论文,2008.
7. 陈向明.质的研究与社会科学研究[M].北京:教育科学出版社,2000.
8. 陈向明.在行动中学作质的研究[M].北京:教育科学出版社,2003.
9. 成海军.中国特殊儿童社会福利[M].北京:中国社会出版社,2003.
10. 丁雪茵等.质性研究中研究者的角色与主观性[J].本土心理学研究,1996,6:353-378.
11. 范梅南.生活体验研究——人文科学视野中的教育学[M].宋广文等译.北京:教育科学出版社,2003.
12. 冯夏婷.儿童自闭症研究的回顾与展望[J].教育导刊,2005,12:20.
13. Froma Walsh.家庭抗逆力[M].朱眉华译.上海:华东理工大学出版社,2013.
14. Gary Mesibow,Marie Howley.自闭症学生的融合教育课程—运用结构化教学协助融合[M].杨宗仁等译.台北:心理出版社,2010.

15. 高飞.自闭症儿童家庭的社会支持现状研究——河北省99个自闭症儿童家庭的调查[J].教育导刊·幼儿教育,2008,4:24-26.

16. 郭永玉.人格心理学导论[M].武汉:武汉大学出版社,2007.

17. 海德格尔.存在与时间[M].陈嘉映等译.北京:三联书店,1987.

18. 海德格尔.现象学之基本问题[M].丁耘译.上海:上海译文出版社,2008.

19. 胡塞尔.欧洲科学的危机与超越论的现象学[M].王炳文译.北京:商务印书馆,2005.

20. 胡塞尔.现象学的方法[M].倪梁康译.上海:上海译文出版社,2005.

21. 胡塞尔.生活世界现象学[M].倪梁康译.上海:上海引文出版社,2005.

22. 黄璇华.生育先天性缺陷儿对家庭的影响[J].中华公共卫生杂志,1995:299-313.

23. 黄辛隐.71例自闭症儿童的家庭需求及发展支持调查[J].中国特殊教育,2009,11:43-47.

24. 黄兆信,万荣根.社区:融合教育实施的重要场域[J].教育发展研究,2008(23):79.

25. 蓝佩嘉.母职——消灭女人的制度[J].当代,1991,62:84-88.

26. 李国瑞.自闭症诊断与治疗研究动向综述[J].心理科学,2004,27(6):1449.

27. 李晓,尤娜,丁月增等.自闭症儿童干预中社会故事法的应用[J].现代特殊教育,2009,11:38-40.

28. 李银河.女性主义[M].济南:山东人民出版社,2005.

29. 李宗华.康复教育中孤独症儿童家长的压力及其因应方式研究—基于照顾照顾者视角[J].山东教育学院学报,2009,5:1-4.

30. 李铣.弱势群体社会支持系统研究[D].四川大学硕士学位论文,2004.

31. 李敬.透视自闭症—本土家庭实证研究与海外经验[M].北京:研究出版社,2011.

32. 林云强、秦曼、张福娟.重庆市康复机构中自闭症儿童家长需求的研究

[J].中国特殊教育,2007,12:51—57.

33. 刘杰,孟会敏.关于布郎芬布伦纳发展心理学生态系统理论[J].中国健康心理学杂志,2009(2):250-252.

34. 刘玥.孤独症儿童家庭的社会支持网络研究[D].兰州大学硕士学位论文,2014.

35. 梁伟岳.她是我一生的课题:一位自闭症青年母亲的养育经验[J].特殊教育与复健学报,2004,12:259.

36. 罗光荣.儿童自闭症:父母心中永远的痛[J].家庭医生,2006,2:31-33.

37. 罗国英.母亲教养期望与亲职压力及青少年亲子关系知觉的关联[J].东吴社会工作学报,2000,6:35-72.

38. 吕青,赵向红.家庭政策[M].北京:社会科学文献出版社,2012.

39. 倪赤丹.自闭症家庭的需求与社会工作介入—来自深圳120个自闭症家庭的报告[J].广东工业大学学报(社会科学版),2012,09:38.

40. 钮文英.身心障碍者的正向行为支持[M].台北:心理教育出版社,2009.

41. 片成男.儿童自闭症的历史、现状及其相关研究[J].心理发展与教育,1999,1:51.

42. 秦秀群.孤独症儿童父母的亲职压力调查研究[J].中华护理杂志,2008,10:931-933.

43. 秦秀群.孤独症儿童母亲的亲职压力及相关因素研究[J].中国心理卫生杂志,2009,9:629-634.

44. 秦秀群.孤独症儿童父母的社会支持调查研究[J].护理研究,2009,7:1725-1726.

45. 邱敏文.母职实践——一位乡镇地区劳工阶级自闭症儿童母亲的辛、心、欣路历程[D].台湾东华大学多元文化教育研究所硕士论文,2009.

46. 尚晓援.中国残疾儿童家庭经验研究[M].北京:社会科学文献出版社,2013.

47. 深圳市自闭症研究会.中国自闭症人士服务现状调查研究—华南地区[M].北京:华夏出版社,2013.

48. 宋鸿燕.自闭症:早期介入与家庭支持[M].台北:心理出版社,

2008:115.

49. 孙玉梅,邓猛.自闭症谱系障碍儿童社会故事干预有效性研究综述[J].中国特殊教育,2010,8:42.

50. 王玮.自闭症谱系障碍儿童家长心理健康—需求与社会支持的调查研究[D].华东师范大学硕士学位论文,2011.

51. 王大华.亲子支持对老年人主观幸福感的影响机制[J].心理学报,2004,36:78.

52. 吴柏林,邹小兵,徐秀.孤独症:从基因组学到临床实践[J].中国循证儿科杂志,2008,3(4):241-246.

53. 武丽杰.我国孤独症谱系障碍流行病学现状及趋势[J].中国实用儿科杂志,2013,8:571.

54. 吴宜婷.全职母亲母乳哺喂及其亲子互动经验之探究[D].台湾嘉义大学家庭教育与谘商研究所硕士论文,2008.

55. 谢晓雯.变中找序—初为人父母之生活经验[D].嘉义大学家庭教育研究所硕士论文,2001.

56. 谢佳闻.家庭中的残障儿童—从社会模式理论看残障[M].上海:上海社会科学出版社,2012.

57. 熊絜茸,孙玉梅.自闭症儿童社会生态系统初探[J].中国特殊教育,2014,7:38.

58. 徐浙宁.我国关于儿童早期发展的家庭政策(1980—2008)[J].青年研究,2009,4:51.

59. 徐大真等.自闭症治疗理论与方法研究综述[J].国际精神病学杂志,2009,36(2):116.

60. 徐辉富.现象学研究方法与步骤[M].上海:学林出版社,2008.

61. 许靖敏.发展迟缓儿童母职经验与体制的探讨:以女性主义观点分析[D].台湾大学社会学研究所社会学论文,2002.

62. 徐美莲.永不停止的拔河——一个自闭儿母亲形塑生命调适历程之故事叙说[D].屏东教育大学硕士论文,2003.

63. 宣兆凯.家庭教育研究的理论方法模型—家庭支持系统[J].教育研究,

1999,11:63.

64. 严丽纯.论教师的生活体验[J].湖北广播电视大学学报,2010,6:67-68.

65. 杨晓玲.解密孤独症[M].北京:华夏出版社,2007.

66. 杨晓玲.孤独症研究进展[J].中华医学信息导报,2006,21:12.

67. 尤娜,杨广学.自闭症"地板时光"疗法(Ⅰ):关系与表达训练[J].中国特殊教育,2008,9:35-39.

68. 俞彦娟.女性主义对母亲角色研究的影响:以美国妇女史为例[J].女学学志:妇女与性别研究,2005,20:1-40.

69. 张可心,赵阳,邓伟等.自闭症儿童家长负性情绪的成因及干预方法综述[J].统计与管理,2014,9:108.

70. 张淑文.女性的母职:社会学观点的批判分析[J].社教双月刊,1997,77:20-25.

71. 张娟芬.女性与母职——一个严肃的女性思考[J].当代,1991,62:94-98.

72. 张庆雄.生活世界是人类主体间交流的基础[J].哲学杂志,1997,20:116-135.

73. 张汝伦.现象学方法的多重含义[J].哲学杂志,1997,20:90-115.

74. 赵阳,耿楠楠,艾子群等.自闭症儿童家长负性心理及应对措施[J].现代交际,2014,7:3.

75. 朱迪斯·巴勒特.性别麻烦——女性主义与身份的颠覆[M].上海:三联书店,2009.

76. 中国精神残疾人及亲友协会.中国孤独症家庭需求蓝皮书[M].华夏出版社,2014.

77. 周念丽.自闭症谱系障碍儿童的发展与教育[M].北京:北京大学出版社,2013.

78. 自闭症儿童:什么样的未来可以期待[EB/OL] http://www.jyb.cn/cm/jycm/beijing/zgjyb/3b/t20080511_160822.htm

79. 邹小兵,邓红珠.美国精神疾病诊断分类手册第5版"孤独症谱系障碍诊断标准"解读[J].中国实用儿科杂志,2013,8:562.

英文参考文献

1. Adam M. H, Sandra L. Caron. Experiences of families with children with autism in rural New England[J]. Focus on Autism & Other Developmental Disabilities, 2005, 20(3):180-189.

2. Ashum Gupta, Nidhi Singhal. Psychosocial Support for Families of Children with Autism[J]. Asia Pacific Disability Rehabilitation Journal, 2005, 2:62-83.

3. Bayat, M.. Evidence of resilience in families of children with autism[J]. Journal of Intellectual Disability Research, 2007, 51:702-714.

4. Brookman-Frazee, L.. Using parent/clinician partnerships in parent education programs for children with autism[J]. Journal of positive behavior interventions, 2004, 6:195-213.

5. Chan, J. B., & Sigafoos, J.. Does respite care reduce parental stress in families with developmentally disabled children? [J]. Child & Youth Care Forum, 2001, 30:253-263.

6. Chodorow, N.. The reproduction of mothering: Psychoanalysis and sociology of gender[M]. Berkley: University of California Press, 1978.

7. Clark E., et al.. Autism in china: from acupuncture to applied behavior analysis[J]. Psychology in the Schools, 2005, 3:285-395.

8. David E. G. Ten years on: a longitudinal study of families of children with autism[J]. Journal of Intellectual & Developmental Disability, 2002, 3:215-222.

9. Dunn, M. E., Burbine, T., Bowers, C. A., & Tantleff-Dunn, S.. Moderators of stress in parents of children with autism[J]. Community Mental Health Journal, 2001, 37:39-52.

10. Dyson, L. L.. Father and mother of school-age children with developmental disabilities: Parental stress, family functioning, and social support[J]. American Journal on Mental Retardation, 1997, 102:267-279.

11. Elvin-Nowak, Y., & Thomasson, H.. Motherhood as idea and practice: A discursive understanding of employed mothers in Sweden[J]. Gender and Society, 2001, 15(3), 407-428.
12. Falik, L. H.. Family patterns of reaction to a child with learning disability: A meditational perspective [J]. Journal of learning Disabilities, 1995, 28: 335-341.
13. Folkman, S., Lazarus, R. S., Dunkel-Schetter, C., Delongis, A., & Gruen, R. J.. Dynamics of a stressful encounter: Cognitive appraisal, coping, and encounter outcomes[J]. Journal of Personality and Social Psychology, 1986, 50: 5.
14. Folkman, S., & Lazarus, R. S.. Coping as a mediator of emotion[J]. Journal of Personality and Social Psychology, 1988, 54: 446-475.
15. Glenn, E. N.. Social constructions of mothering: A thematic overview [M]. In E. N. Glenn, G. Chang, & L. R. Forcey(Eds.), Mothering: Ideology, experience, and agency. 1994.
16. Gordon, T. Feminist mothers[M]. New York: MacMillan, 1990.
17. Gray, D. E.. Ten years on: A longitudinal study of families of children with autism[J]. Journal of Intellectual and Developmental Disability, 2002, 27: 215-222.
18. Gray D. E. Gender and coping the parents of Children with high Functioning autism[J]. Social Science & Medicine, 2003, 56: 631-642.
19. Gray, D. E.. Coping over time: The parents of children with autism[J]. Journal of Intellectual Disability Research, 2006, 50: 970-976.
20. Humphries, T. W., & Bauman, E.. Maternal child rearing attitudes associated with learning disabilities[J]. Journal of Learning Disabilities, 1980, 13: 54-57.
21. Hastings, R. P., et al.. Coping strategies in mothers and fathers of preschool and school-age children with autism [J]. Autism, 2005, 9: 377-391.

22. Jaggar, A. M.. Feminist politics and human nature[M]. Sussex: Harvester press,1983.
23. Abbott, P. , & Wallace, C. An introduction to sociology: Feminist perspectives[M]. London:Routledge,1997.
24. Jones, J. , & Passey, J.. Family adaptation, coping and resources: Parents of Children with developmental disabilities and behavior problems [J]. Journal on Developmental disabilities and behavior problems,2004, 11:31-46.
25. Kvale, S.. Interviews: An introduction to qualitative research interviewing[M]. Thousand Oaks,CA:Sage,1996.
26. Lincoln, Y. , &Guba, E.. Establishing trustworthiness[M]. In A. Bryman & R. G. Burgess, Qualitative research. Thousand Oaks, CA: Sage,1999.
27. Mandell, D. S. , & Salzer, M. S.. Who joins support groups among parents of children with autism? [J]. Autism,2007,11:111-122.
28. McDowell, L. , & Pringle, R.. Defining women: Social institutions and gender divisions[M]. Cambridge,England:The open university,1992.
29. Meadan, H. ,Halle,J. W. , & Ebata, A. T.. Families with children who have autism spectrum disorders: stress and support[J]. Exceptional Children,2010,1:7-36.
30. Mullins, L. L. ,et al.. The influence of respite care on psychological distress in parents of children with developmental disabilities:A longitudinal study[J]. Children's Services:Social Policy,Research,and Practice, 2002,5:123-138.
31. Pearlin, L. L. , &Schooler, C.. The structure of coping[J]. Journal of Health and Social Behavior,1978,19:20-21.
32. Sanders,J. L. , & Morgan, S. B.. Family stress and adjustment as perceived by parents of children with autism or Down Syndrome: Implications for intervention[J]. Child and Family Behavior Therapy,1997,19:

15-32.

33. Shapiro, J., & Tittle, K.. Maternal adaptation to child disability in a Hispanic population[J]. Family Relations, 1990, 39:179-185.

34. Sharpley, C. F. Bitsika. V., & Efremidis, B.. Influence of gender, parental health, and perceived expertise of assistance upon stress, anxiety, and depression among parents of children with autism[J]. Journal of Intellectual and Developmental Disability, 1997, 22:19-28.

35. Smart, C.. Deconstructing motherhood[M]. In E. B. Sliva (Ed.), Good enough mothering? London:Routledge, 1996:37-57.

36. Tarakeshwar, N., & Pargament, K. I.. Religious coping in families of children with autism[J]. Focus on Autism and Other Developmental Disabilities, 2001, 16:247-260.

37. Tomanik, S., Harris, G. E., & Hawkins, J.. The relationship between behaviors exhibited by children with autism and maternal stress[J]. Journal of Intellectual & Developmental Disability, 2004, 29(1):16-26.

38. Twoy, R., Connolly, P. M., & Novak, J. M.. Coping strategies used by parents of children with autism[J]. Journal of the American Academy of Nurse Practitioners, 2007, 19:251-260.

39. Whitaker, P.. Supporting families of preschool children with autism: What parents want and what helps[J]. Autism, 2002, 6:411-426.

附 录

附录1:研究参与邀请函

敬爱的家长:

您好!子女承载着父母的爱和希望,是父母血脉的延续。养育子女的过程是一个艰辛和快乐并存的旅程,但若子女身心发展不能如大多数人一样,为人父母者身心必然会有许多苦楚是一般人所不能了解的。

本研究的目的,希望深入了解自闭症儿童家庭的生活经验,探讨家庭在面对自闭症孩子时的调适历程、生活样貌,尤其是您在和孩子互动的过程中的感受和体会。研究将借由访谈的方式来了解您在此生命历程中最深刻的感受,并着眼于您日常生活中经验的描述、情感及意义的揭露。

因此,在此诚挚邀请您参与此项研究,接受访谈。这是一项学术研究,我将谨遵研究道德与伦理,切实保障研究参与者的身心利益和安全。

1. 您有权利要求研究者为您解说研究的整个过程、资料处理、运用方式与目的。

2. 访谈中,您有权利在任何时间结束访谈,也可以要求中途离开。

3. 请同意研究者在访谈过程中全程录音,方便研究者将内容对话转译成文字稿,以利于整理资料,论文完成后必会将录音销毁。

4. 当所有资料整理完毕后,将会请您再次确认,以避免误解您的原意。

5. 您所提供的宝贵经验,将被忠实的在研究论文中呈现,并且绝不会在任何书面或口头报告中,泄露您和孩子的姓名,住址等关乎身份的信息,请您放心。

6. 访谈内容只作学术研究之用,若要将研究参与者提供的资料用作其他用途,必须征得您的同意。

  我们会在轻松、自在的情境下,以访谈的方式进行对话,请不必紧张或担心说不完整,只要将实际情形、想法、做法与感受详加描述即可,访谈地点任您选择,任何您感觉舒适的地方都可以。在此诚心邀请您全程参与研究,倘若您愿意参与,我们将对您表示诚挚的谢意并再进一步与您沟通并确定访谈时间。

  敬祝 阖家平安快乐!

附录 2：研究参与同意书

本人同意参与《自闭症谱系障碍儿童家庭支持系统》的研究，愿意参加个别访谈，每次时长约 2 个小时，访谈过程中，研究者将问及一些孩子成长历程中孩子的表现、个人的失落与悲伤、个人以及家庭的自我调整历程等经验与感受，以供研究参考。

在此研究中，本人已了解以下事项：

1. 这是一项学术性研究，受访者自身的权益将会受到保障。在访谈过程中，我有权决定是否回答问题的内容以及开放的程度。

2. 为研究需要，访谈过程中将进行录音，以方便研究人员记录及整理资料，待研究结束后，录音资料将被立即销毁。

3. 研究结果呈现时，资料不得出现任何可辨识本人身份的内容，研究者必须秉持专业研究伦理，确保本人的隐私权。

4. 若对此研究有任何疑问时，本人有权利要求研究者做详细的说明；若本人想中途结束访谈，亦有权利终止访谈关系。

受访者签名：

研究者签名：

附录3：访谈大纲

1. 您在何时、何种情况下发现孩子表现异常？并请您说说您当时的感受和做法。

2. 当其他家人（例如先生、双方父母）得知您孩子的情况，他们的反应如何？如何看待孩子？与孩子互动状况如何？如何提供协助的？

3. 在孩子表现出异常之后，家庭的生活状况有哪些改变？您是如何去调整自己的生活方式，来应对因孩子的问题而伴随而来的困难呢？（例如，经济、工作的问题、家务以及婚姻关系等）

4. 从发现孩子异常到接受孩子异常的过程中，你觉得自己有哪些个性帮助你调整了心境？这些心境对你的心理调适有什么影响？从哪些地方可以看出这些特质？

5. 在得知诊断结果后，您是否到一些医疗机构或福利相关机构寻求过帮助？这些机构对您和孩子与家庭提供过什么样的帮助？你所期望提供哪些帮助？

6. 在与外界环境互动过程中，觉得周围人是如何看待孩子？如何看待整个家庭？您是否感受到他人对自己或孩子的排挤或歧视，具体表现在哪些方面？你是如何面对与调适？

7. 回顾和孩子一起走过的历程，是哪些想法、做法和力量，在物质和精神层面，支持您继续勇往直前，坚持下去？

8. 您现在与孩子的互动如何？是否还有压力？您如何看待自己和孩子未来的路，打算怎样克服往后人生上的各种挑战？

9. 回首过去的生活，养育特殊儿童带给你什么生命上的意义和价值？

10. 您愿意给同样困难的家庭提供哪些建议，帮助他们走过人生的低潮？

附录4:受访者基本资料表

敬爱的家长:

您好!

为方便日后资料的分析,麻烦您填写以下的基本资料。本资料表将秉持保密原则,仅供本研究使用,绝不对外泄露,因此请您安心填写,谢谢您的合作!

1. 家长性别:□男　　□女

2. 家长年龄:_____岁

3. 婚姻状况:□已婚　□离婚　□分居　□未婚

4. 教育程度:□博士　□硕士　□本科　□专科　□高中　□初中及以下

5. 职业:_____

6. 有无宗教信仰　□无　□有,是_____.

7. 特殊子女性别:□男　□女　所属类别为:_____

8. 特殊子女目前就读:_____

9. 子女排行:□独子(女)　□有其他子女(该子女排行第_____位)

10. 子女发现异常时年龄:_____岁

11. 子女目前年龄:_____岁

12. 子女主要照顾者:_____

13. 长期同住者包括:_____

14. 您目前对生活的满意度为_____。(1-10分,10分最高,1分最低)

附录5：另一边的风景

受访者在访谈结束后写了一篇博客，名为"另一边的风景"，在取得她同意的情况下，我将其放在了这里。

另一边的风景

看过这样一个故事，朋友相约去旅行，说好了去澳大利亚，可是去机场时你错过了，于是朋友们都去了澳大利亚，而你去了荷兰。你没有看到澳洲的白云，蓝天和碧水，遗憾吗？不会，因为你拥有了荷兰的风车和小屋。

为什么又想起这个故事？是不是相对于我的状况有点阿Q的感觉？

只是因为前些天一位做特教的人士问我"带孩子这么多年，于自己有收获吗？"那一刻我的思维停止了一秒钟，是啊，除了给孩子一切的一切，我得到的是什么？细想想，除了无尽的烦恼和担忧，无法让自己在工作中体会到自己的价值，以及百分之九十的自我空间的失去之外，我还真的得到了一些什么：表面上的物质的，譬如我学会游泳开车等等，如果不是为他，我还真不会去学。或者会像许多人（特别是结婚有孩子的女人）一样找借口说我有其他的事，不能学。这些是小事不值一提。更重要的是看到孩子的状况后，我才明白，原来我们这样普通而平凡的生活并不是每个人都有机会拥有，这世界有几十万甚至几百万人，尽管他们付出最大的努力，甚至最惨痛的代价，也无法换取最平凡的生活。于是我开始知道生活到底是什么概念，它是每一天都会升起的太阳和月亮，是春天的绿芽秋天的和风，是每一天的清晨醒来孩子的体温，是丈夫工作之余赶做出的饭菜————许多许多。以前总觉得想要的很多，得到的很少，自己的能力有限，又没有好运降临，于是郁闷的心情总是纠结在心头，总是不能去释怀，埋怨与怪罪总是相伴左右。但现在，每次我抬眼间看到一缕阳光，一个微笑总让我感激，让我的心觉得温暖，觉得幸福。还有就是，我学会去把握自己的生活，埋天怨地，或是幻想这些都不能让我得到想要的生活。更为客观的看待自己，认同并接受自己的平凡，然后仔细想想平凡如我，有哪些梦想是可能实现的？如果在能力范畴之内的，我会毫不犹豫地去做，绝不找借口去逃避。这样我觉得现在每天的生活都是有价值的，都是在为自己，为儿子，为老公而活，虽然繁琐却很乐意去做。痛苦与烦恼，我让它保存在我心底最深的那个角落。他们都在，但不妨碍我依然可以幸福，依然可以生活。所有这些都是带儿子后才明白的，所以我得感谢我的宝贝，因为他就是我的荷兰小屋。

附录6：自闭症筛查诊断量表

1. 婴幼儿自闭症筛查量表（CHAT）

婴幼儿自闭症筛查量表用于筛选18个月以上的婴幼儿，由熟悉儿童的人员填写，最好是主要照顾的家长。根据项目表述，在符合孩子真实情况的答案上选择"是"或"否"。若某些项目极少发生，或仅发生过一两次，请选择"否"。

项　　目	答　　案	
A：询问父母：		
1. 您的孩子喜欢坐在你的膝盖上被摇晃、跳动吗？	是	否
2. 您的孩子对别的孩子感兴趣吗？	是	否
3. 您的孩子喜欢像上下楼梯一样爬上爬下吗？	是	否
4. 您的孩子喜欢玩"躲猫猫"游戏吗？	是	否
5. 您孩子曾经玩过"假扮"游戏吗？如假装打电话、照顾玩具娃娃或假装其他事情。	是	否
6. 您的孩子曾经用过食指去指、去要某件东西吗？	是	否
7. 您的孩子曾经用过食指去指、去表明对某件东西感兴趣吗？	是	否
8. 您的孩子会恰当地玩玩具（如小汽车、积木）吗？而不是只是放在嘴里、乱拨或乱摔。	是	否
9. 您的孩子曾经拿过什么东西给你（们）看吗？	是	否
B：医生观察：		
1. 在诊室里，孩子与您有目光接触吗？	是	否
2. 吸引孩子的注意，然后指向房间对侧的一个有趣的玩具，说："嘿，看，那里有一个（玩具名）"，观察孩子的脸，孩子有没有看你所指的玩具？	是	否
3. 吸引孩子的注意，然后给孩子一个玩具小茶杯和茶壶，对孩子说："你能倒一杯茶吗？"观察孩子，看他有无假装倒茶、喝茶等。	是	否

续表

项　　目	答　　案
4.问孩子:"灯在哪里?"或问:"把灯指给我看看",孩子会用他的食指指灯吗?	是　否
5.孩子会用积木搭塔吗?(如果会,多少?)(积木的数量:)	是　否

说明:B1 孩子在你指的时候必须看着你的眼睛。

B2 确信孩子没有看你的手,但是看你指的物品,这个项目记录"是"。

B3 在其他一些游戏中能诱发假装的例子,这个项目记录"是"。

B4 如果孩子没有理解"电灯"这个词,重复说"玩具熊在哪里"或其他一些拿不到的物体。孩子能做到,这个项目记录"是"。

评分标准:

1．明显高危儿童的标准:

5个关键项目不能通过:包括有意向性用手指:A7和B4,眼凝视:B2,玩的一项:A5和B3。

2．一般高危儿童的标准:

5个关键项目不能通过:包括有意向性用手指:A7和B4,不满足明显高危儿童的标准。

2. 自闭症儿童 ABC 行为量表

序号	项　　目	分数	评记
1	喜欢长时间自身旋转。	4	
2	学会做一件简单的事,但很快就忘记。	2	
3	经常没有接触环境或进行交往的要求。	4	
4	往往不能接受简单的指令(如坐下、过来等)。	1	
5	不会玩玩具(如没完没了地转动、乱扔、揉等)。	2	
6	视觉辨别能力差(如对一种物体的特征、大小、颜色、位置等辨别能力差)。	2	
7	无交往性微笑(即不会与人点头、招呼、微笑)。	2	
8	代词运用颠倒或混乱(你、我分不清)。	3	
9	长时间总拿着某种东西。	3	

续表

序号	项　　目	分数	评记
10	似乎不在听人说话,以至让人怀疑他有听力问题。	3	
11	说话不合音调、无节奏。	4	
12	长时间摇摆身体。	4	
13	要去拿什么东西,但又不是身体所能达到的地方(即对自身与物体的距离估计不足)。	2	
14	对环境和日常生活规律的改变产生强烈反应。	3	
15	当与其他人在一起时,呼唤他的名字,他没有反应。	2	
16	经常做出前冲、旋转、脚尖行走、手指轻掐轻弹等动作。	4	
17	对其他人的面部表情没有反应。	3	
18	说话时很少用"是"或"我"等词。	2	
19	有某一方面的特殊能力,似乎与智力低下不相符合。	4	
20	不能执行简单的含有介词语句的指令(如把球放在盒子上或放在盒子里)。	1	
21	有时对很大的声音不产生吃惊反应(可能让人想到他是聋子)。	3	
22	经常拍打手。	4	
23	大发脾气或经常发点脾气。	3	
24	主动回避与别人的眼光接触。	4	
25	拒绝别人的接触或拥抱。	4	
26	有时对很痛苦的刺激如摔伤、割破或注射无反应。	3	
27	身体表现很僵硬、很难抱住。	3	
28	当抱他时,感到他的肌肉松弛(即他不紧贴抱他的人)。	2	
29	以姿势、手势表示所渴望得到的东西(而不倾向于语言表示)。	2	
30	常用脚尖走路。	2	
31	用咬人、撞人、踢人等行为伤害他人。	2	
32	不断地重复短句。	3	
33	游戏时不模仿其他儿童。	3	
34	当强光直接照射眼睛时常常不眨眼。	1	
35	以撞头、咬手等行为自伤。	2	

续表

序号	项目	分数	评记
36	想要什么东西不能等待（一想要什么，就马上要得到）。	2	
37	不能指出5个以上物体的名称。	1	
38	不能发展任何友谊（不会和小朋友来往交朋友）。	4	
39	有许多声音的时候，常常捂着耳朵。	4	
40	经常旋转碰撞物体。	4	
41	在训练大小便方面有困难（不会控制大小便）。	1	
42	一天只能提出5个以内的要求。	2	
43	经常受到惊吓或非常焦虑不安。	3	
44	在正常光线下斜眼、闭眼、皱眉。	3	
45	不是经常被帮助的话，不会自己给自己穿衣。	1	
46	一遍遍重复一些声音或词。	3	
47	瞪着眼看人，好像要看穿似的。	4	
48	重复别人的问话或回答。	4	
49	经常不能意识所处的环境，并且可能对危险的环境不在意。	2	
50	特别喜欢摆弄、着迷于单调的东西或游戏、活动等（如来回地走或跑，没完没了地蹦、跳、拍、敲）。	4	
51	对周围东西喜欢嗅、摸或尝。	3	
52	对生人常无视觉反应（对来人不看）。	3	
53	纠缠在一些复杂的仪式行为上，就像缠在魔圈里（如走路要走一定的路线，饭前或做什么事前一定要把什么东西摆在什么位置，或做什么动作，否则就不睡不吃）。	4	
54	经常毁坏东西（如玩具、家里的一切用具很快就给弄坏了）。	2	
55	在2岁以前就发现孩子发育延迟。	1	
56	在日常生活中至少用15个但不超过30个短句进行交往（不到15句也打"√"）。	3	
57	长时间凝视一个地方（呆呆地看一处）。	4	

注：《自闭症儿童ABC量表》，由KRUG于1978年编制，表中列出57项自闭症儿童的行为特征，包括感觉能力（S）、交往能力（R）、运动能力（B）、语言能力（L）和自我照顾能力（S）五个方面。

要求评定者与儿童至少共同生活 3-6 周,填写者与儿童生活至少半年以上的教师。评分时,对每一项作"是"与"否"的判断。"是"评记"∨"符号,"否"不打号。把"是"的项目合计累分,总分≥31 分为自闭症筛查界限分;总分＞53 分作为自闭症诊断界限分。

附录7:相关政策方案

残疾儿童康复救助"七彩梦行动计划"实施方案

残联厅发〔2011〕25号

"七彩梦行动计划"实施方案为贯彻落实《中共中央国务院关于促进残疾人事业发展的意见》(中发〔2008〕7号)文件精神,优先开展残疾儿童抢救性治疗和康复,使贫困残疾儿童得到康复救助。2011年至2015年,中央财政安排专项补助资金,支持各地实施"残疾儿童康复救助项目"。为保证该项目顺利实施,特制定《残疾儿童康复救助"七彩梦行动计划"实施方案》。

一、资助对象

资助对象为符合条件的城乡有康复需求的贫困残疾儿童(单项救助条件详见附件),其中优先资助城乡低保家庭的贫困残疾儿童。

二、资助范围与资助数量

资助范围:
——听力语言残疾儿童:为中低收入家庭聋儿购置配发人工耳蜗,并补助人工耳蜗手术、术后调机和术后康复训练经费;为贫困聋儿购置配发助听器并补助康复训练经费。
——肢体残疾儿童:为贫困肢体残疾儿童实施矫治手术、补助康复训练经费、装配矫形器。
——脑瘫儿童:为贫困脑瘫儿童康复训练、装配矫形器给予补助。
——孤独症儿童:为贫困孤独症儿童康复训练给予补助。
——辅助器具:为贫困残疾儿童装配假肢矫形器、适配辅助器具给予补助。

资助数量：

——听力语言残疾儿童：为 16865 名中低收入家庭聋儿配发人工耳蜗产品，补助人工耳蜗手术、术后调机和术后康复训练经费，总计金额 161900 万元；为 18000 名贫困聋儿配发助听器，补助康复训练经费，总计金额 32400 万元。以上共计 194300 万元。

——肢体残疾儿童：为 15000 名贫困肢体残疾儿童实施矫治手术、康复训练、装配矫形器给予补助，总计金额 25800 万元。

——脑瘫儿童：为 30000 名贫困脑瘫儿童康复训练、装配矫形器给予补助，总计金额 39600 万元。

——孤独症儿童：为 36000 名贫困孤独症儿童康复训练给予补助，总计金额 43200 万元。

——辅助器具：为 21200 名贫困残疾儿童装配假肢矫形器、126000 名贫困残疾儿童适配辅助器具给予补助，总计金额 29500 万元。

贫困孤独症儿童康复救助项目实施办法

为贯彻落实《中共中央 国务院关于促进残疾人事业发展的意见》，使贫困孤独症儿童享有康复服务，中央财政安排专项资金为贫困孤独症儿童康复训练给予补助。为保证救助项目顺利实施，根据《残疾儿童康复救助"七彩梦行动计划"实施方案》，制定本办法。

一、任务目标

2011 年—2015 年，为 36000 名贫困孤独症儿童提供康复训练服务。其中，2011—2012 年 6000 名（合并实施），2013 年—2015 年每年 10000 名。

二、实施范围

各省（自治区、直辖市）选择有一定工作基础和服务能力的城市，确定符合标准的康复训练定点机构，采取"康复救助卡"的方式，2011 年—2015 年为 36000 名贫困孤独症儿童提供康复训练服务。

三、资助对象及资助原则

资助对象应符合以下条件：

——经卫生部门认定的诊断机构确诊的孤独症儿童；

——年龄3-6周岁；

——资助对象为符合条件的城乡有康复需求的贫困孤独症儿童,其中优先资助城乡低保家庭的贫困孤独症儿童。

四、资助标准

中央财政按每年人均12000元标准对康复训练给予补助。

五、工作体系

——中国残联会同财政部审定项目实施方案,下达项目任务指标,印制并下发《贫困孤独症儿童康复救助卡》,审核项目任务完成情况,协调解决项目实施过程中的主要问题,指导、监督、检查各省项目执行情况。

——各省(自治区、直辖市)残联会同省级财政部门制定本省(自治区、直辖市)项目实施方案和相关工作制度,分解下达任务,审核确定项目受助对象与定点康复机构,督导定点康复机构开展孤独症儿童康复训练和家长培训工作,做好本省(自治区、直辖市)项目的指导检查和统计汇总工作。

——定点康复机构制定康复方案和康复训练计划,为受助对象建立个人康复档案,开展康复训练和家长培训,做好康复训练效果的定期评估工作,按照要求填写、上报项目数据、报表,并保留好康复方案、康复训练计划和记录备查,负责受助对象的回访和后续服务。

六、工作流程

——制订工作方案,确定定点机构。各省(自治区、直辖市)残联要会同财政部门制定项目具体实施方案,根据《孤独症儿童康复机构评审方案(试行)》(全康办〔2009〕19号)的要求,在省内选择有一定工作基础和服务能力的城市,经过省级评审,确定达到三级及以上的康复机构作为项目实施单位

（民办、公办、民办公助皆可，优先选择融合式教育模式的康复训练机构）。项目地区残联应与确定的定点康复机构签订项目协议书，明确各自责任，并将定点康复机构名单上报中国残联康复部备案。

——成立专家组，组织开展培训和业务指导。各项目地区要成立孤独症儿童康复专家组，负责组织人员培训，指导定点康复机构开展工作，配合残联进行督导检查。

——确定救助对象。项目实施的年度周期为从该年度9月1日至下一年度8月31日。该年度确认的受助对象应在该年度9月1日前，年龄在3-6周岁范围内（最大年龄不超过6周岁）。对符合救助条件的贫困孤独症儿童，采取家长（监护人）申请、居（村）委会推荐、项目地区残联审批的方式，填写《贫困孤独症儿童康复救助申请审批表》（此表一式三份，由省残联、项目地区残联和定点康复机构留存）。经项目地区残联审核批准后，向受助对象发放《贫困孤独症儿童康复救助卡》。救助对象每年审核一次，一经确定，不得随意变更。受助对象发生正常变更，须受训满半年并提前1个月告知项目地区残联，经项目地区残联确认备案后方可变更。因特殊原因中止康复训练的，定点康复机构应及时上报项目地区残联，注销其救助卡。受助对象发生变更后，项目地区残联应在1个月内重新筛查确认救助对象，使用剩余的康复经费对新确认的救助对象进行康复救助，并将变更情况存档备查。如受助对象需变更定点康复机构，需受训满半年并提前1个月告知项目地区残联，经残联确认备案后才能变更。为保证康复效果，原则上受助对象在年龄许可范围内应给予连续资助。

——建立康复档案，实施康复救助服务。受助对象凭《贫困孤独症儿童康复救助卡》到定点康复机构接受康复训练。在接受康复训练前，要根据《孤独症儿童发展评估表（试行）》（全康办〔2009〕26号），对受助儿童进行基线评估，并根据评估结果，制定个别化训练计划，开展康复训练、家长培训工作；并按要求定期评估，掌握并跟踪孤独症儿童康复训练效果，及时调整康复训练方案。定点康复机构负责为收训的贫困孤独症儿童建立个人受助康复档案，登记填写效果评估情况，保存教学计划、训练记录、评估记录等资料备查。

——经费结算。定点康复机构根据收训贫困孤独症儿童的实际情况，与残联进行结算；定点康复机构应确保12000元康复救助经费供受助对象持续使用1年(有寒暑假的机构为10个月)，并将项目经费的使用情况每月定期记入《贫困孤独症儿童康复救助卡》，每项记录均须由受助儿童法定监护人签字确认(此卡由受助儿童法定监护人负责保存)。定点康复机构凭救助卡记录复印件及受助儿童康复训练经费支出单据，定期与项目地区残联结算。

——登记统计及汇总。定点康复机构负责做好新收训儿童登记和康复效果评估工作，定期将受助儿童接受康复救助相关信息录入《贫困残疾儿童康复救助项目数据库管理系统》；中国残联康复部会同各省残联负责及时对数据的真实性、准确性和完整性进行审核，并于每年1月15日前将审核后的上一年度数据库上报中国残联信息中心。

各省(自治区、直辖市)残联和项目执行单位负责做好项目资料(包括文字、图片及声像资料)的收集、积累、存档，并于每年1月31日前，撰写绩效报告上报中国残联康复部(格式要求参看康函〔2010〕43号)。

七、经费管理

——项目经费由中国残联根据各省(市、区)任务指标进行审核后，报财政部审批下达省级财政部门，拨款文件抄送省级残联和财政部驻各省(市、区)财政监察专员办事处。各省(市、区)根据省级国库管理要求，及时将经费拨付至项目单位。地方财政应统筹使用各项资金。

——项目提供的康复训练经费包括：救助对象康复训练费、康复效果评估费、训练教材费、家长培训费、食宿费及家庭指导费。

——承担项目任务的定点康复机构(包括融合式教育的康复机构)原则上不得向受助对象收取任何费用。对于收费标准低于救助标准的康复机构，救助对象按照同机构其他儿童收费标准予以补助；对于收费标准高于救助标准的康复机构，机构可适当收取食宿费，食宿费不能超过当地物价部门规定的普通幼儿园食宿费收费标准，且全年收费总额不得超过2000元。如项目执行过程中出现经费结余，省残联应严格按照项目方案要求，将多余的经费用于其他贫困孤独症儿童的救助工作。省残联康复部应撰写项目结余经费管理和使用情况报告，报中国残联康复部备案。

八、工作要求

——注重提高孤独症儿童康复训练质量。各省残联应加强对孤独症儿童康复机构的指导，逐步提高康复训练质量，坚持集体教学为主、个别教学为辅，自然环境支持的教学模式，规范孤独症儿童康复课程设置，开设沟通、游戏（交往）、运动等课程，通过个别化训练解决儿童的个体问题，在此基础上，注重与普通小学教学模式的衔接。

——注重开展培训工作。各省残联应定期组织孤独症儿童康复专业技术人员培训，积极发挥省级孤独症儿童康复中心的示范作用开展业务指导，采取集中培训、巡回指导、业务交流、教学示范等形式，培训专业技术人员，提高教师队伍素质，形成骨干教师队伍。

定点康复机构在开展康复训练的同时，应把家长培训工作作为项目的一个重要内容，按项目要求定期开展家长培训工作，征求受助对象家长对培训工作的意见和建议，不断改进和加强家长培训工作，做好相关培训档案的管理。

九、检查评估

检查评估内容包括项目组织管理、儿童诊断、康复训练效果、档案上报、经费管理和使用、数据统计、项目宣传、家长满意度等方面。

——项目地区残联负责定期组织相关部门和专家对项目执行情况进行督导。

——中国残联会同财政部等部门适时对项目执行情况进行检查、评估、验收。

后 记

此书是本人承担的全国教育科学规划十二五青年课题《自闭症谱系障碍儿童家庭支持系统研究》(项目编号：CHA120136)的研究成果之一。正因为这一课题立项，我才有机会全面审视自闭症谱系障碍儿童家庭。虽然我与自闭症谱系障碍儿童的接触早已就有，但当时更多地关注自闭症谱系障碍儿童的个体成长和教育康复，并未意识到家庭在其中的意义和功能。当与这些家庭深入互动，我才发现每个家庭的故事都是如此动人又是如此曲折。

从当初的课题立项，再到研究的过程，最后到本著作的完成，其中凝聚了多人的心血和汗水。首先感谢我敬爱的恩师——北京师范大学邓猛教授，在我就学和工作期间，一直给予鼓励和支持。老师睿智风趣的学者风范、严谨勤勉的治学态度、温和宽容的人格魅力都深深地影响和激励着我不断前行。感谢华中师范大学的雷江华教授。十多年前，雷老师把我们引进了特殊教育研究的领域，而现在，正是在雷教授的鼓励、提携和帮助下，本书才得以顺利出版，在此表示深深的谢意！

其次，特别感谢课题组研究成员，在课题申报、研究论证再到本书的完成，大家群策群力，提供了许多建设性的意见，也给予我很大的支持。她们是徐州医学院的熊絮茸老师、天津体育学院的李芳老师、南京特殊教育职业技术学院的熊琪老师、内蒙古赤峰学院的刘慧丽老师等，在此一并表示感谢！另外，还要感谢我所在单位华中师范大学的领导和同事们，感谢他们对本课题研究的大力支持和平日工作生活中的无私关照！

感谢帮我联系家长的老师们，谢谢参与我课题研究的家长们。如果没有他们，也不可能有本书。他们慷慨、毫不吝惜地为我的研究提供翔实的资料,愿意在我面前回忆痛苦的过去,也时常向我展露乐观的微笑,这些都使我记忆深刻。也是他们让我有机会走近自闭症谱系障碍孩子和家人的生活,与他们成为朋友,了解更多家庭的成长,激发更多理性的思考。这些都让我受益匪浅!祝福他们平安幸福!

感谢曾经的痛苦和迷惘,感谢岁月的磨砺,才能换来今天的成长!

最后感谢我的家人一直以来的关心和支持,他们是我永远最坚强的后盾!

北京大学出版社 教育出版中心 精品图书

21世纪特殊教育创新教材·理论与基础系列

书名	作者	定价
特殊教育的哲学基础	方俊明 主编	29元
特殊教育的医学基础	张 婷 主编	32元
融合教育导论	雷江华 主编	28元
特殊教育学	雷江华 方俊明 主编	33元
特殊儿童心理学	方俊明 雷江华 主编	31元
特殊教育史	朱宗顺 主编	36元
特殊教育研究方法（第二版）	杜晓新 宋永宁等 主编	39元
特殊教育发展模式	任颂羔 主编	33元

21世纪特殊教育创新教材·发展与教育系列

书名	作者	定价
视觉障碍儿童的发展与教育	邓 猛 编著	33元
听觉障碍儿童的发展与教育	贺荟中 编著	29元
智力障碍儿童的发展与教育	刘春玲 马红英 编著	32元
学习困难儿童的发展与教育	赵 微 编著	32元
自闭症谱系障碍儿童的发展与教育	周念丽 编著	27元
情绪与行为障碍儿童的发展与教育	李闻戈 编著	32元
超常儿童的发展与教育	苏雪云 张 旭 编著	31元

21世纪特殊教育创新教材·康复与训练系列

书名	作者	定价
特殊儿童应用行为分析	李 芳 李 丹 编著	29元
特殊儿童的游戏治疗	周念丽 编著	30元
特殊儿童的美术治疗	孙 霞 编著	38元
特殊儿童的音乐治疗	胡世红 编著	32元
特殊儿童的心理治疗	杨广学 编著	32元
特殊教育的辅具与康复	蒋建荣 编著	29元
特殊儿童的感觉统合训练	王和平 编著	45元
孤独症儿童课程与教学设计	王 梅 著	37元

自闭谱系障碍儿童早期干预丛书

如何发展自闭谱系障碍儿童的沟通能力	朱晓晨 苏雪云	29.00元
如何理解自闭谱系障碍和早期干预	苏雪云	32.00元
如何发展自闭谱系障碍儿童的社会交往能力	吕 梦 杨广学	33.00元
如何发展自闭谱系障碍儿童的自我照料能力	倪萍萍 周 波	32.00元
如何在游戏中干预自闭谱系障碍儿童	朱 瑞 周念丽	32.00元
如何发展自闭谱系障碍儿童的感知和运动能力	韩文娟，徐芳，王和平	32.00元
如何发展自闭谱系障碍儿童的认知能力	潘前前 杨福义	39.00元
自闭症谱系障碍儿童的发展与教育	周念丽	32.00元
自闭症谱系障碍儿童家庭支持系统	孙玉梅	36.00元
如何通过音乐干预自闭谱系障碍儿童	张正琴	36.00元
如何通过画画干预自闭谱系障碍儿童	张正琴	36.00元
如何运用ACC促进自闭谱系障碍儿童的发展	苏雪云	36.00元
孤独症儿童的关键性技能训练法	李 丹	45.00元
自闭症儿童家长辅导手册	雷江华	35.00元
孤独症儿童课程与教学设计	王 梅	37.00元
融合教育理论反思与本土化探索	邓 猛	58.00元
孤独症儿童干预的关键性技能训练法	李 丹	45.00元

21世纪学前教育规划教材

书名	作者	定价
学前教育管理学	王 雯	45元
幼儿园歌曲钢琴伴奏教程	果旭伟	39元
幼儿园舞蹈教学活动设计与指导	董 丽	36元
实用乐理与视唱	代 苗	35元
学前儿童美术教育	冯婉贞	45元
学前儿童科学教育	洪秀敏	36元
学前儿童游戏	范明丽	36元
学前教育研究方法	郑福明	39元
外国学前教育史	郭法奇	36元
学期教育政策与法规	魏 真	36元
学前心理学	涂艳国、蔡 艳	36元
学前现代教育技术	吴忠良	36元
学前教育理论与实践教程	王维 王维娅 孙 岩	39.00元
学前儿童数学教育	赵振国	39.00元

大学之道丛书

书名	作者	定价
哈佛：谁说了算	[美] 理查德·布瑞德利 著	48元
麻省理工学院如何追求卓越	[美] 查尔斯·维斯特 著	35元
大学与市场的悖论	[美] 罗杰·盖格 著	48元
现代大学及其图新	[美] 谢尔顿·罗斯布莱特 著	60元
美国文理学院的兴衰——凯尼恩学院纪实	[美] P.F.克鲁格 著	42元
教育的终结：大学何以放弃了对人生意义的追求	[美] 安东尼·T.克龙曼 著	35元
大学的逻辑（第三版）	张维迎 著	38元
我的科大十年（续集）	孔宪铎 著	35元
高等教育理念	[英] 罗纳德·巴尼特 著	45元
美国现代大学的崛起	[美] 劳伦斯·维赛 著	66元
美国大学时代的学术自由	[美] 沃特·梅兹格 著	39元
美国高等教育通史	[美] 亚瑟·科恩 著	59元
美国高等教育史	[美] 约翰·塞林 著	69元

书名	作者	价格
哈佛通识教育红皮书	哈佛委员会 撰	38元
高等教育何以为"高"——牛津导师制教学反思	[英]大卫·帕尔菲曼 著	39元
印度理工学院的精英们	[印度]桑迪潘·德布 著	39元
知识社会中的大学	[英]杰勒德·德兰迪 著	32元
高等教育的未来：浮言、现实与市场风险	[美]弗兰克·纽曼等 著	39元
后现代大学来临？	[英]安东尼·史密斯等 主编	32元
美国大学之魂	[美]乔治·M.马斯登 著	58元
大学理念重审：与纽曼对话	[美]雅罗斯拉夫·帕利坎 著	35元
学术部落及其领地——知识探索与学科文化	[英]托尼·比彻 保罗·特罗勒尔 著	33元
德国古典大学观及其对中国大学的影响	陈洪捷 著	22元
大学校长遴选：理念与实务	黄俊杰 主编	28元
转变中的大学：传统、议题与前景	郭为藩 著	23元
学术资本主义：政治、政策和创业型大学	[美]希拉·斯劳特 拉里·莱斯利 著	36元
什么是世界一流大学	丁学良 著	23元
21世纪的大学	[美]詹姆斯·杜德斯达 著	38元
公司文化中的大学	[美]埃里克·古尔德 著	23元
美国公立大学的未来	[美]詹姆斯·杜德斯达 弗瑞斯·沃马克 著	30元
高等教育公司：营利性大学的崛起	[美]理查德·鲁克 著	24元
东西象牙塔	孔宪铎 著	32元

学术规范与研究方法系列

书名	作者	价格
社会科学研究方法100问	[美]萨子金德 著	38元
如何利用互联网做研究	[爱尔兰]杜恰泰 著	38元
如何为学术刊物撰稿：写作技能与规范（英文影印版）	[英]罗薇娜·莫 编著	26元
如何撰写和发表科技论文（英文影印版）	[美]罗伯特·戴 等著	39元
如何撰写与发表社会科学论文：国际刊物指南	蔡今忠 著	35元
如何查找文献	[英]萨莉拉·姆齐 著	35元
给研究生的学术建议	[英]戈登·鲁格 等著	26元
科技论文写作快速入门	[瑞典]比约·古斯塔维 著	19元
社会科学研究的基本规则（第四版）	[美]朱迪斯·贝尔 著	32元
做好社会研究的10个关键	[英]马丁·丹斯考姆 著	20元
如何写好科研项目申请书	[美]安德鲁·弗里兰德 等著	28元
教育研究方法：实用指南	[美]乔伊斯·高尔 等著	98元
高等教育研究：进展与方法	[英]马尔科姆·泰特 著	25元
如何成为论文写作高手	华莱士 著	32元
参加国际学术会议必须要做的那些事	华莱士 著	32元
如何成为卓越的博士生	布卢姆 著	32元

21世纪高校职业发展读本

书名	作者	价格
如何成为卓越的大学教师	肯·贝恩 著	32元
给大学新教员的建议	罗伯特·博伊斯 著	35元
如何提高学生学习质量	[英]迈克尔·普洛瑟等 著	35元
学术界的生存智慧	[美]约翰·达利 等主编	35元
给研究生导师的建议（第2版）	[英]萨拉·德拉蒙特 等著	30元

21世纪教师教育系列教材·物理教育系列

书名	作者	价格
中学物理微格教学教程（第二版）	张军朋 詹伟琴 王恬 编著	32元
中学物理科学探究学习评价与案例	张军朋 许桂清 编著	32元

21世纪教育科学系列教材·学科学习心理学系列

书名	作者	价格
数学学习心理学	孔凡哲 曾峥 编著	29元
语文学习心理学	李广 主编	29元
化学学习心理学	王后雄 主编	29元

21世纪教育科学系列教材

书名	作者	价格
现代教育技术——信息技术走进新课堂	冯玲玉 主编	39元
教育学学程——模块化理念的教师行动与体验	闫祯 主编	45元
教师教育技术——从理论到实践	王以宁 主编	36元
教师教育概论	李进 主编	75元
基础教育哲学	陈建华 著	35元
当代教育行政原理	龚怡祖 编著	37元
教育心理学	李晓东 主编	34元
教育计量学	岳昌君 著	26元
教育经济学	刘志民 著	39元
现代教学论基础	徐继存 赵昌木 主编	35元
现代教育评价教程（第二版）	吴钢 著	45元
心理与教育测量	顾海根 主编	28元
高等教育的社会经济学	金子元久 著	32元
信息技术在学科教学中的应用	陈勇 等编著	33元
网络调查研究方法概论（第二版）	赵国栋	45元

教师资格认定及师范类毕业生上岗考试辅导教材

书名	作者	价格
教育学	余文森 王晞 主编	26元
教育心理学概论	连榕 罗丽芳 主编	42元

21世纪教师教育系列教材·学科教学论系列

书名	作者	价格
新理念化学教学论（第二版）	王后雄 主编	45元
新理念科学教学论（第二版）	崔 鸿 张海珠 主编	36元
新理念生物教学论	崔 鸿 郑晓慧 主编	36元
新理念地理教学论（第二版）	李家清 主编	45元
新理念历史教学论（第二版）	杜 芳 主编	33元
新理念思想政治（品德）教学论（第二版）	胡田庚 主编	36元
新理念信息技术教学论（第二版）	吴军其 主编	32元
新理念数学教学论	冯 虹 主编	36元

21教师教育系列教材·学科教学技能训练系列

书名	作者	价格
新理念生物教学技能训练（第二版）	崔 鸿	33元
新理念思想政治（品德）教学技能训练（第二版）	胡田庚 赵海山	29元
新理念地理教学技能训练	李家清	32元
新理念化学教学技能训练	王后雄	28元
新理念数学教学技能训练	王光明	36元

王后雄教师教育系列教材

书名	作者	价格
教育考试的理论与方法	王后雄 主编	35元
化学教育测量与评价	王后雄 主编	45元

西方心理学名著译丛

书名	作者	价格
拓扑心理学原理	[德] 库尔德·勒温	32元
系统心理学：绪论	[美] 爱德华·铁钦纳	30元
社会心理学导论	[美] 威廉·麦独孤	36元
思维与语言	[俄] 列夫·维果茨基	30元
人类的学习	[美] 爱德华·桑代克	30元
基础与应用心理学	[德] 雨果·闵斯特伯格	36元
格式塔心理学原理	[美] 库尔特·考夫卡	75元
动物和人的目的性行为	[美] 爱德华·托尔曼	44元
西方心理学史大纲	唐钺	42元

心理学视野中的文学丛书

书名	作者	价格
围城内外——西方经典爱情小说的进化心理学透视	熊哲宏	32元
我爱故我在——西方文学大师的爱情与爱情心理学	熊哲宏	32元

21世纪教学活动设计案例精选丛书（禹明 主编）

初中语文教学活动设计案例精选	23元
初中数学教学活动设计案例精选	30元
初中科学教学活动设计案例精选	27元
初中历史与社会教学活动设计案例精选	30元
初中英语教学活动设计案例精选	26元
初中思想品德教学活动设计案例精选	20元
中小学音乐教学活动设计案例精选	27元
中小学体育（体育与健康）教学活动设计案例精选	25元
中小学美术教学活动设计案例精选	34元
中小学综合实践活动教学活动设计案例精选	27元
小学语文教学活动设计案例精选	29元
小学数学教学活动设计案例精选	33元
小学科学教学活动设计案例精选	32元
小学英语教学活动设计案例精选	25元
小学品德与生活（社会）教学活动设计案例精选	24元
幼儿教育教学活动设计案例精选	39元

全国高校网络与新媒体专业规划教材

书名	作者	价格
文化产业概论	尹章池	38元
网络文化教程	李文明	39元
网络与媒体评论	杨 娟	38元
数字媒体导论	尹章池	39元
网络新媒体实务	张合斌	39元
网页设计与制作	惠悲荷	39元
突发新闻报道	李 军	39元
视听新媒体节目制作	周建青	45元

21世纪教育技术学精品教材（张景中 主编）

书名	作者	价格
教育技术学导论（第二版）	李 芒 金 林 编著	33元
远程教育原理与技术	王继新 张 屹 编著	41元
教学系统设计理论与实践	杨九民 梁林梅 编著	29元
信息技术教学论	雷体南 叶良明 主编	29元
网络教育资源设计与开发	刘清堂 主编	30元
学与教的理论与方式	刘雍潜	32元
信息技术与课程整合（第二版）	赵呈领 杨 琳 刘清堂	39元
教育技术研究方法	张屹 黄磊	38元
教育技术项目实践	潘克明	32元

21世纪信息传播实验系列教材（徐福荫 黄慕雄 主编）

多媒体软件设计与开发	32元
电视照明·电视音乐音响	26元
播音主持	26元
广告策划与创意	26元

21世纪教师教育系列教材·专业养成系列（赵国栋主编）

微课与慕课设计初级教程	40元
微课与慕课设计高级教程	48元
微课、翻转课程和慕课设计实操教程	150元
网络调查研究方法概论（第二版）	49元